国家自然科学基金项目（71372154）研究成果

陈　杰　陈志祥◎著

多产品马氏质量过程下风险厌恶型随机库存优化与控制

·广州·

图书在版编目（CIP）数据

多产品马氏质量过程下风险厌恶型随机库存优化与控制/陈杰，陈志祥著．—广州：中山大学出版社，2017.6

ISBN 978-7-306-06071-6

Ⅰ.①多…　Ⅱ.①陈…②陈…　Ⅲ.①库存—研究　Ⅳ.①F253

中国版本图书馆CIP数据核字（2017）第133699号

出版人：徐　劲
策划编辑：李海东
责任编辑：李海东
封面设计：曾　斌
责任校对：何　凡
责任技编：何雅涛
出版发行：中山大学出版社
电　　话：编辑部 020-84111996，84113349，84111997，84110779
　　　　　发行部 020-84111998，84111981，84111160
地　　址：广州市新港西路135号
邮　　编：510275　　传　　真：020-84036565
网　　址：http://www.zsup.com.cn　E-mail：zdcbs@mail.sysu.edu.cn
印 刷 者：佛山市浩文彩色印刷有限公司
规　　格：787mm×1092mm　1/16　8.5印张　206千字
版次印次：2017年6月第1版　2017年6月第1次印刷
定　　价：28.00元

内 容 简 介

多产品随机库存优化与控制是一类复杂的库存管理问题。本书运用马尔可夫过程理论刻画产品随机波动过程的特征，并考虑决策者在风险上的偏好性、融资能力约束等系统约束因素，建立具有随机质量波动过程（简称马氏质量过程）特征的多产品联合库存优化和控制模型，提出新的库存决策机制。本书用新的理论视角和研究方法研究随机库存优化问题，在理论上是一种尝试，拓展了现有的库存理论和研究方法，具有重要的学术价值和实践意义。

本书适合对随机库存优化与控制感兴趣的管理科学、应用数学、工业工程、运筹学与控制等专业的硕士研究生和博士研究生，以及对此感兴趣的其他相关科研工作者。

前　言

以“准时化”和“自动化”为支柱实现“双零”管理——“零库存”和“零缺陷”为目标的精细生产经营管理模式，是丰田公司在市场竞争中长胜不衰的制胜法宝。为了满足精细生产的准时化生产的要求，企业不但要在内部生产各环节做到零库存和零缺陷，在物料的采购库存管理中，对供应商提供的物料也提出了很高的质量要求，必须做到零缺陷和免检。这是一个非常高的管理要求，对于多数企业来说，这样的要求是一个完美的追求目标。

在现实中，产品存在质量缺陷，是一个客观存在的事实，任何企业的产品都会存在质量缺陷，而由于产品质量缺陷导致生产和供应中断，影响正常生产和产品销售的情况也很常见。除了这种质量缺陷的不确定性风险，需求的变化更是一个随时随地发生的需求风险。正因为产品质量的缺陷和需求的变化等不确定性因素的同时存在，在现实中，人们在物料库存管理中，即使是采用 JIT 零库存采购（准时采购）的企业也不得不考虑这种物料采购库存订货决策中的不确定性风险。因此，基于风险因素的物料采购库存管理中如何考虑产品质量和需求的随机波动，制定科学和合理的库存控制策略，是企业生产经营决策中必须面对的问题。

本书研究在供需受随机质量波动的影响下，考虑基于不同风险偏好的多产品随机库存优化与控制问题。为此，根据产品缺陷率的不同程度将其质量水平划分为不同的状态，并结合马尔可夫过程理论（简称马氏理论）给出各产品质量水平的变化规律，进而在不同的模型假设的基础上，利用质量水平的转移概率矩阵刻画库存系统供应能力和需求的随机过程，并构建相应的多产品随机库存系统的优化决策模型。

首先，假设多产品库存系统的供应能力依赖质量水平的条件下，将马氏理论和条件风险价值准则纳入决策优化模型的框架，提出随机质量波动下的多产品风险厌恶型随机库存优化与控制模型，并构建相应的优化决策机制。同时，利用马尔可夫过程中的不可约性、遍历性和首达性等基本理论分析该模型的基本性质。模型数值实验的结果表明：库存系统的最优期望订购量和期望销售利润关于供应能力和风险厌恶因子都为单调递增的；库存系统的可靠性跟随机质量过程的不可约性、遍历性等基本性质有关，即当随机质量过程为不可约的遍历马氏链时，模型的最优解具有平稳的极限性态。

其次，在上述模型的理论基础上，将融资能力纳入库存系统的决策机制，提出带有融资能力约束的多产品风险厌恶型随机库存决策模型，并运用Phase-Type分布分析库存系统的随机性。模型数值实验的结果表明：在有融资能力约束下，质量水平的随机波动性、风险厌恶因子和融资能力等核心因素对模型最优解具有重要的影响，其三者的取值确定了多产品库存系统的最优期望订购量和期望利润的变化趋势。当质量水平的波动性使得库存系统的供应能力提高时，质量水平与最优解之间的关系为正相关的；否则反之。库存系统的最优期望订购量与融资能力之间具有正相关性；但随着融资能力值进一步增大，其对最优期望订购量和期望利润的敏感性逐渐地趋弱。

再次，在多产品库存系统的供应能力和需求均依赖质量水平的条件下，以马氏理论和基于鞅的风险评估作为决策方法，构建多产品多周期风险厌恶型随机库存模型，并利用凸规划给出各模型每周期的最优解。为了利用鞅理论分析库存系统在运行过程中的风险性，本书在鞅的基本概念的基础上给出鞅风险库存系统的定义及其若干判别方法。同时，联合鞅论中的上下穿不等式以及极大、极小总期望幅度等新概念，提出鞅风险库存系统的上下穿风险评估体系及其具体的解析式。在一定的风险厌恶下，模型数值实验的结果表明：①当质量水平的波动性使得库存系统的供应能力和需求提高时，模型的最优解关于供应能力和需求为单调递增的。②当库存系统关于质量水平为上（下）鞅时，其最优期望利润随着周期数的增大而减小（增大）；当库存系统关于质量水平为鞅时，其最优期望利润曲线具有平稳的趋势。③当鞅风险库存系统在未来给定的周期内上穿目标区间的次数的上限值和极大总期望幅度越大时，其在运行过程中所面临的风险性就越低；当鞅风险库存系统在未来给定的周期内下穿目标区间的次数的上限值越大和极小总期望幅度越小时，其在运行过程中所面临的风险性就越高。

最后，在假设随机缺陷率的分布函数为未知的条件下，以马氏过程和格里汶科定理为理论基础，导出随机缺陷率的马氏过程，进而在供需依赖质量水平的条件下，提出带有融资能力约束的多产品多周期风险厌恶型随机库存决策模型，并利用库恩—塔克条件证明模型的最优解的存在性和唯一性。同时，基于非常返和零常返等状态的属性提出“蜡烛定律”，以分析库存系统的随机性。模型的相关结论表明：①产品的缺陷率对系统的供应能力和需求具有负相关性，进而对库存系统的最优订购量和期望利润施加负面影响；②在一定产品的缺陷率和目标利润下，当融资能力和风险厌恶因子增大时，各产品的最优期望订购量和期望利润也随着增大；③当非常返或零常返态为全局利润劣势（占优）时，若其对应的概率不为零，则库存系统的最优期望利润具有上升（下降）的趋势。

本书用新的视角、新的方法研究随机库存问题，在理论上是一种尝试，拓展了现有库存理论与研究方法，有重要的学术价值，同时，研究所得到的管理启示也有一定的实践意义。

本书是国家自然科学基金项目（71372154）研究成果的一部分，是关于产品质量不完备条件下物料库存优化与控制方面的研究成果。本书出版得到中山大学出版社李海东编辑的大力支持，在此表示感谢。

由于作者水平和时间、精力的限制，本书不妥之处在所难免，请读者批评指正。

目　录

第1章 绪 论

1.1 研究背景与问题提出

2015年5月，国务院发布了“中国制造2025”战略，推动我国制造业从制造大国向制造强国转变。该战略提出了五个基本方针：①创新驱动；②质量为先；③绿色发展；④结构优化；⑤人才为本。

在这个制造战略中，质量被视为仅次于创新的第二个战略方针，说明质量在我国制造发展中的重要地位。实际上，在生产与运作管理活动中，质量就是其中最重要的三大核心问题之一。人们常说生产管理的核心问题是“QCD”，也就是质量（quality）、成本（cost）和交货期（delivery），可见质量的重要性。

日本丰田公司推行的精细生产方式（JIT生产，也叫精益生产）是一种准时生产方式，其核心理念是所谓的“双零”，即零库存、零缺陷。因此，JIT生产也叫无库存生产方式。[1]为了实现准时生产制，丰田公司要求供应商的质量达到免检的水平，实现准时化采购（在丰田公司的汽车主机厂，有相当一部分的供应物资一般只维持1～2天，或者几个小时的库存量，有的甚至达到供应厂和主机厂生产节拍达到同步的零库存）。在这种生产方式下，一旦供应商的产品存在质量问题，就会影响到丰田公司的正常生产，甚至停产，导致严重的损失。

作为准时生产的必备条件，虽然在JIT生产的物资采购中规定了很高的质量水平要求，但是质量缺陷是一个客观存在的事实，零缺陷只是一个理想境界，是一个目标。在现实中，任何企业的产品都可能存在质量问题。而且，质量存在一定的波动性，随时间不同而不同，这种随机性波动会导致供应的物资的有效数量因质量波动而减少。因此质量波动对准时生产的物资供应是一个很大的风险因素。显然，当供应物资的质量水平有波动时，物资库存系统的供应能力就存在波动。因此在物资采购的库存订货决策中，为了保证库存物资的有效供给，在库存订货决策时就有必要考虑供应物资的质量水平波动对供应能力的影响。除了质量波动这种风险因素对库存决策有影响，需求的随机性也是一个客观存在的风险。因此在质量和需求等随机因素的环境下，准时采购的风险是比较高的，科学和合理的库存订货决策对实施准时生产有非常重要的意义。

传统的物资供应的库存决策理论是基于一定的假设条件的，这些假使往往是为了理论计算的方便而为，对许多现实的因素没有考虑，与实践中企业的决策有很大偏差。例如经济订货批量模型，假设需求是一个恒定值，没有价格波动，也没有质量缺陷等因素。为了克服这些问题，理论界对库存决策理论进行了大量的修正和完善，从不同的角度去考虑不同的决策因素，从而产生了各种应用条件下的库存决策模型。从大类分，库存决策分为确定型库存决策和随机型库存决策，目前理论界的教科书和学术研究论文中比较常见的库存决策模型大多数是确定型库存决策模型，而随机型库存决策模型比较少。虽然随机库存的理论模型复杂，计算工作量大，这是随机库存模型的缺点，但是随机库存模型考虑了库存决策中的各种不确定性因素，所得到的模型更加符合现实情况。从国内外的研究文献考察，学术界目前对库存决策理论的研究，考虑不确定性的因素拓展经典的库存模型是一个基本研究方向。

近年来，国内外学术界考虑质量不完备性的因素拓展库存决策模型已有很多成果，如在经典的 EOQ 模型中加入产品质量缺陷的因素，或者在经济生产批量模型中加入质量缺陷下生产率减少因子，或者考虑质量缺陷成本和检验、返修和退货等因素，或者在多级库存中考虑质量成本的因素，等等。尽管如此，我们发现，现有研究文献在拓展经典的库存理论研究方面，仍有一些不足：

（1）现有研究对考虑质量问题的库存模型基本上以确定型库存模型为主。这些扩展库存模型基本上是确定型库存决策模型，很少考虑随机库存决策环境。目前文献在随机型的库存决策模型中考虑质量缺陷因素的比较缺乏。

（2）现有研究对质量水平通常假设为有一个固定值或者一种确定的函数。为了计算方便，现有库存扩展性研究模型中，对质量缺陷因子的考虑，一般都是假设一个确定的质量水平，或者一个固定的函数，对质量波动的随机性问题没有考虑。

（3）现有研究文献对供应和需求与质量水平的关系缺少考虑。现有研究虽然考虑质量成本因素，但是在库存订货决策中没有对供应和需求与质量的关系做过多考虑，除了少数建立质量水平相关的需求函数外，没有从供应和需求两个方面结合考虑质量的影响。

（4）现有研究对多因素下的随机库存问题缺少研究。一些随机库存模型，如报童模型，虽然考虑需求不确定性，或者少数考虑质量因素，但是缺乏对多种不确定性约束因素（如采购的资金约束的影响、风险偏好的影响等）的考虑。

（5）现有研究针对单一产品的比较多，对多产品的库存研究比较少。目前文献中不管是传统的库存决策模型，还是考虑质量、需求等不确定因素的模型，多以单一产品问题为主，考虑多产品的随机型库存模型比较缺乏。

针对现有文献的以上不足，我们认为，库存决策理论研究仍存在一些目前研究文献中还没有涉及的，有待进一步研究解决的问题，这些问题就是本研究将要解决的关键问题。

（1）如何刻画多产品质量的随机波动过程，使其更加符合实际，并融入库存的订货决策中？

产品质量的不确定性是一个客观存在的事实，但是传统的库存决策模型都假设产品质量为一个固定的值或者为一个固定的随机函数，而现实产品质量是一个波动过程。这种随机过程在库存决策模型中如何刻画，并融入库存决策中，是目前学术界需要解决的问题。

（2）当决策者存在决策风险偏好时，如何构建质量风险和需求风险下的随机库存决策模型，如何用随机过程理论刻画库存风险？

尽管考虑决策风险的库存决策成为库存理论研究中的热点问题之一，但是现有研究库存风险测度的方法都是采用统计方差的方法，如 VaR 和 CVaR 等统计测度方法。在随机库存决策中，面临多种风险因素时，如何利用随机过程理论刻画库存决策风险，探讨新的风险评估和分析方法，这是一个新的挑战性的问题。

（3）当产品的供应能力与产品质量水平相关时，如何进行风险厌恶型随机库存决策问题的优化和控制？

在随机质量波动的环境下，产品的缺陷率具有不确定性。当缺陷率达到一定程度后，必然会影响到库存系统的供应能力，同时顾客对产品的需求也会受到产品质量的波动的影响。目前，基于风险偏好的不完备质量库存优化的研究尚未有人涉及。同时，现有文献并未考虑到产品的质量水平与供应能力之间的关联性对库存决策的影响。因此，供应能力依赖质量水平条件下的多产品风险厌恶库存决策问题，有待于进一步研究和解决。

（4）当企业的资金有限，如何在库存决策中考虑带融资能力约束，构建资金约束的多产品风险厌恶型随机库存决策模型和优化方法？

当前，我国许多制造企业面临着原料价格上升、人民币汇率波动以及用工成本增加的压力，这些因素直接导致企业使用资金的成本增加，在原料采购中资金的约束影响采购人员的决策，采购中考虑供应链融资能力约束成为一个值得关注的问题。在现有的参考文献中，针对风险厌恶库存系统的决策优化问题的研究，并未考虑随机波动对决策机制的影响。因此，在融资能力约束和随机质量波动的条件下，多产品风险厌恶库存系统的优化决策问题有待于研究和解决。

针对上面这些问题，在陈志祥教授主持的国家自然科学基金项目（编号：

71372154）资助下，我们对有关问题开展了深入的研究。我们把质量随机波动过程作为一个影响采购库存决策的重要因素来研究，并考虑如需求不确定性、采购资金融资限制等因素，利用随机过程理论和风险理论建立了考虑质量随机波动条件下的风险厌恶型随机库存决策模型，对库存理论的研究方法进行拓展性研究，具有重要的学术参考价值。本专著就是对我们的研究成果的归纳和总结。

1.2 研究目的与意义

1.2.1 研究目的

根据以上提出的研究问题，本研究的主要目的是在产品质量随机波动的条件下，考虑库存决策中的资金约束和决策者的风险偏好，对多产品的库存联合优化和控制问题进行系统的分析与研究，以随机过程马尔可夫链，结合风险测度方法、随机库存理论等作为研究工具，建立随机质量波动下的多产品风险厌恶型随机库存优化和控制策略，为多产品库存系统的优化与控制提供科学的理论依据。

为此，本著作要解决的关键问题是：在随机质量波动的环境下，如何构建带有风险厌恶因子的多产品库存系统的最优决策机制。

（1）基于产品质量具有马氏随机过程波动特征，在供应能力依赖质量水平的条件下，分别构建考虑和不考虑融资能力约束的多产品风险厌恶型随机库存优化与控制模型。

由于产品质量的随机波动导致产品实际有效使用量减少，因此本研究首先研究供应能力依赖产品质量水平条件下，多产品的风险厌恶型随机库存优化与控制问题。为此，本书在供应能力依赖质量水平的条件下，首先构建多产品风险厌恶型库存系统的决策模型，探讨不考虑融资能力约束的库存优化与控制问题。然后，在该模型基础上加入企业采购物资融资能力受到约束的条件，建立新的模型，以解决带有融资能力约束的库存优化与控制问题。

（2）基于产品质量具有马氏随机过程波动特征，在供应能力和需求量均依赖质量水平的双重条件下，分别构建考虑和不考虑融资能力约束的多产品风险厌恶型随机库存优化与控制模型。

产品质量随机波动不仅仅影响供应能力，同时产品的质量会影响需求，高质量产品一般需求率高，低质量的产品需求率低。基于这种关系，在前面模型的基础上，继续考虑产品需求和供应同时依赖产品质量的情况下，风险厌恶型多产品随机库存模型。与前面一样，我们也分别考虑有融资能力约束和没有融资能力约束两种情况的优化模型。

1.2.2 研究意义

本研究在理论上、实践上都有重要意义。在理论上，生产运作管理的各种决策理论，包括库存决策理论，大多数是基于完备性条件的假设，与现实存在一定的偏差，因此需要从现实角度出发，考虑不完备的生产条件，包括质量不完备、设备不可靠、人的决策偏好和经验偏差等，放宽传统的运作管理决策模型的理想假设条件，考虑现实中的各种因素，建立与现实环境条件相吻合，或者接近现实的假设条件下的决策模型，对于完善管理理论有理论参考价值。因此，本书所研究的问题就是站在这样的现实视角，把现实物料库存决策中比较常见的一个不确定性因素——质量波动性因素作为修正传统的库存决策模型的一个突破口，并考虑风险和资金约束等多种现实决策因素，探讨在这种现实环境下新的多产品随机库存决策优化模型，对库存理论的发展有重要参考价值。

在实践上，本研究也有一定的参考价值。本研究是基于国家自然科学基金项目的企业调查研究基础上提炼的一个研究内容。在课题调研过程中，我们发现许多企业都存在由于采购物料质量波动影响生产的现象。由于供应商的物料供应存在质量的波动，同时也由于需求的随机性波动，企业通常通过建立一定的安全库存来维护生产的正常。另外，我们发现，不少企业在采购物资的过程中，都对资金的使用保持谨慎态度；当采购多种物资时，都有对资金使用存在约束和决策风险偏好性。为此，本书在随机质量波动的环境下，研究构建多产品风险厌恶型随机库存系统的决策模型，并通过数值模拟与仿真的方式，证明模型的有效性和可行性。研究模型的数值算例的实验结果得到的启示告诉我们，管理者可以利用质量水平的基础数据，模拟出质量随机变化的统计规律，提高库存决策的科学性，提高库存系统的收益水平。因此，本书所提出的决策模型具有一定的实践和应用意义。

1.3 研究方法和技术路线

1.3.1 研究方法

本书在文献梳理和评析的基础上，通过数学建模、理论推导、数值模拟及仿真相结合的方式，针对随机质量波动下的多产品风险厌恶库存系统的优化与控制问题进行了研究，主要运用到的研究方法具体如下：

（1）运筹学中的非线性规划方法；

（2）库存系统优化与控制理论；

（3）随机过程中的马尔可夫链和鞅论；

（4）金融风险管理理论中的风险价值和条件风险价值理论；

（5）数学软件中的 MATLAB 和 LINGO。

因为带有约束条件的报童模型需要在理论上论证模型最优解的存在性和唯一性，所以本项目拟运用非线性规划中的 Kuhn-Tucker 条件以及极值理论中的 Hessian 矩阵，来解决此问题。鞅论的背景源自公平赌博过程——在胜负机会均等的情况下，赌徒在参与下一轮赌博后的期望资金等于当前所持有的资金——已成为研究风险决策最主要的理论工具之一，并已广泛应用到期权定价、保险、股票和金融等研究领域。因为随机库存系统在运行的过程中受到多重随机因素的影响，需要不确定性理论来评估其潜在的风险性，所以本项目拟运用鞅论以及随机过程中的首达性、常返性、不可约性、遍历性、极限性态、Phase-Type 分布等基本理论，解决随机库存系统的风险载荷问题。因为在集成多要素于模型框架的情况下，模型的求解及其数值分析比较复杂，所以需借助 MATLAB 和 LINGO 等数学软件，以实现相关模型的数值模拟和仿真过程。

1.3.2 技术路线

本书在随机质量波动环境下，研究风险厌恶型多产品随机库存系统的优化与控制问题，具体的技术路线如图 1.1 所示。

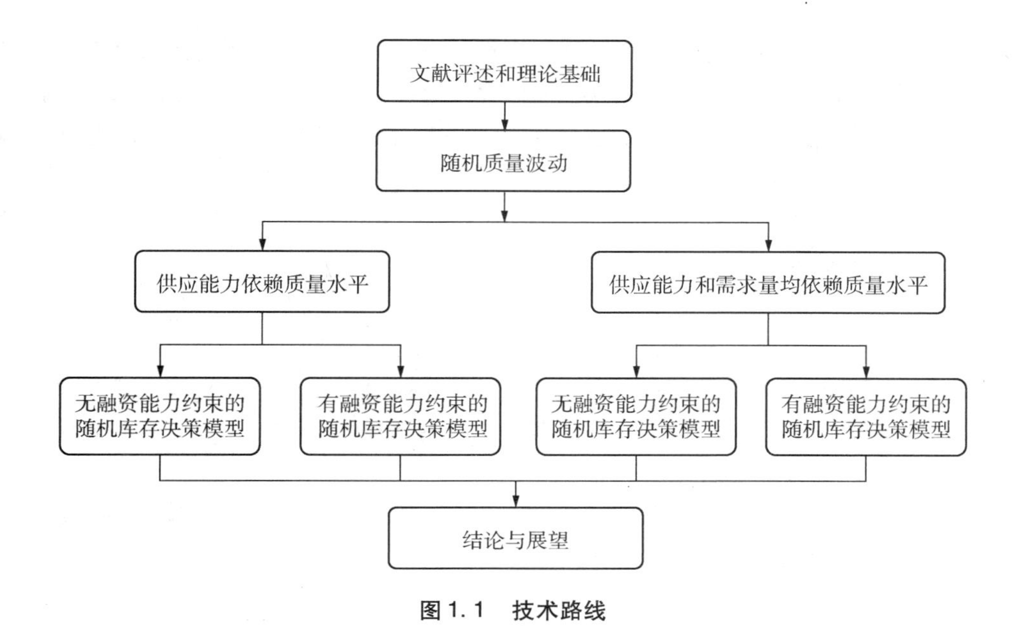

图1.1　技术路线

1.4　研究内容与本书结构

1.4.1　研究内容

本书研究的主要内容是在随机质量波动环境下，构建带有风险厌恶因子的多产品随机库存系统的最优决策机制，为多产品库存系统的优化与控制提供科学的理论依据。

首先，在多产品库存系统的供应能力依赖质量水平的条件下，将马尔可夫理论（简称“马氏理论”）和条件风险值（conditional value-at-risk，CVaR）准则纳入决策优化模型的框架，分别提出在随机质量波动下没有和有融资能力约束的多产品风险厌恶型随机库存优化与控制模型，并构建相应的优化决策机制。同时，利用随机过程的不可约性、遍历性、常返性、首达性及 Phase-Type 分布等基本理论分析相关模型的基本性质。

其次，在多产品库存系统的供应能力和需求量均依赖质量水平的条件下，以马氏理论为导向，构建带有 VaR（value-at-risk）约束的多产品随机库存模型，并利用凸规划求出模型每周期的最优解。为了分析库存系统在运行过程中所担负的风险性，本书将结合鞅理论与库存理论，提出鞅风险库存系统的定义及其判别方法。同时，联合鞅理论的上下穿不等式和极大、极小总期望幅度等新概念提出鞅库存系统的上下穿风险评估体系及其具体的解析式。

1.4.2 本书结构

本书共由 7 章组成，具体的结构安排如下：

第 1 章为绪论，主要介绍研究的选题背景，并提出研究目标以及需要解决的关键问题，阐述研究的意义。同时，介绍本书研究的思路和方法，并系统说明本书的主要内容，最后给出研究的主要创新点。

第 2 章主要围绕不完备质量、多产品、风险厌恶等三方面决策因素，对相关的库存决策理论和研究文献进行系统的回顾和评述，指出现有研究的不足，提出本书的主要研究问题。

第 3 章在供应能力依赖质量水平的条件下，研究构建多产品风险厌恶型随机库存系统的决策模型。本章将多产品的质量水平的波动性视为满足马尔可夫性的随机过程，并根据产品缺陷率的不同程度将其质量水平划分为不同的状态，结合马氏模型刻画质量水平的变化规律。在假设多产品库存系统的供应能力依赖质量水平的条件下，将马氏理论和 CVaR 准则纳入决策优化模型的框架，进而提出在随机质量波动下基于风险偏好的多产品库存优化与控制模型，并构建库存系统的优化决策机制。同时，利用不可约性、遍历性及极限理论分析多产品库存系统的可靠性。

第 4 章主要在第 3 章的模型基础上引入融资能力的约束条件，对相关模型予以拓展，即在供应能力依赖质量水平的条件下，建立带有融资能力约束的多产品风险厌恶型随机库存系统的决策模型。在此模型的基础上，构建多产品库存系统的最优 Portfolio 策略（最优采购组合）决策机制。同时，利用首达性和 Phase-Type 分布等随机过程的基本理论分析库存系统的随机性，并给出相应的管理启示。

第 5 章在多产品库存系统的供应能力和需求均依赖质量水平的条件下，以马氏理论为导向，构建带有 VaR 约束的多产品随机库存模型，并利用凸规划求出模型每周期的最优解。为分析库存系统在运行过程中所担负的风险性，本章在鞅的基本概念的基础上给出鞅风险库存系统的定义及其若干判别方法。同时，联合鞅论中的上下穿不等式以及极大、极小总期望幅度等新概念提出鞅风险库存系统的上下穿风险评估体系及其具体的解析式。此外，通过算例证明模型的有效性和可行性，并给出相关模型结论的管理启示。

第6章主要在第5章的模型基础上引入融资能力约束的条件，并在质量水平的分布函数及初始状态为未知的情况下，提出马氏随机逼近法，以挖掘数据在失真、删失或隐藏条件下的信息。同时，运用马氏随机逼近法构建带融资能力和VaR约束的多产品随机库存模型。

第7章为总结和展望。总结本研究得出的主要结论及其管理意义，并指出研究所存在的局限性和未来可能拓展的研究方向。

1.5 主要创新点

本书的主要创新点体现在以下几个方面：

（1）考虑了库存系统的供应能力和需求受质量水平的随机波动性的影响，构建了随机质量波动下的随机库存决策新方法。

产品质量水平的高低对库存系统的供应能力和需求都具有一定的影响。因此，质量水平的随机波动性驱动着库存系统的供应能力和需求的随机演变。与现有的文献不考虑供应能力和需求与质量水平之间的关联性对库存决策的影响不同，本研究考虑产品质量的随机波动对供应能力和需求的影响，提出了新库存决策方法。

（2）在随机质量波动下将风险厌恶因子纳入库存系统的决策机制，构建了不同风险偏好的多产品随机库存模型。

在现有关于产品存在质量缺陷的库存优化与控制的文献中，缺乏基于风险偏好视角考虑随机质量波动下的多产品联合采购库存优化问题研究。本书分别将条件风险价值（CVaR）和风险价值（VaR）准则纳入相应的决策模型的框架，进而提出在随机质量波动下基于风险偏好的多产品联合采购库存优化与控制模型，并构建库存系统的优化决策机制，给出多产品联合采购的最优策略。

（3）在随机质量波动下将融资能力纳入带风险厌恶的随机库存系统的决策机制，构建具有融资能力约束的库存优化与控制方法。

物资采购中资金供应约束对库存决策也有重要影响，并提升了决策者的风险厌恶程度，进而使得库存系统的决策复杂化。本书在随机质量波动的背景下，研究了带融资能力约束的多产品风险厌恶型随机库存系统的优化与控制问题，在实际应用上具有一定的创新性。

（4）利用马氏模型刻画了质量水平的波动性。

在现有关于产品存在质量缺陷的库存优化控制的参考文献中，多数学者假定质量缺陷率为固定的常数或者服从一定的分布函数，但没有考虑质量随机波动的特征。本书根据产品的缺陷率将其质量水平划分为不同的状态，利用马氏链来描述质量水平的随机波动过程。在分别假设供应能力及需求为状态依赖的条件下，解决了库存系统的供应能力和需求随着质量水平的波动性而做随机变化的问题，并构建了相应的决策模型。因此，本书中的模型在理论设计上具有一定的创新性。

（5）利用随机过程中的基本理论深入分析库存系统的随机性。

经典的随机库存系统在优化与控制机制的设计上，往往只考虑模型的基本要素（如成本参数、缺陷率、决策者的风险偏好性等）对最优决策的影响，尚未基于随机过程理论视角分析随机库存系统的潜在风险性。为了克服传统优化与控制机制的局限性，本书分别将随机过程中的不可约性、遍历性、常返性、首达性和 Phase-Type 分布等基本理论集成于相关模型下的决策机制，以分析库存系统的随机性。同时，利用鞅论中的上下穿不等式构建上下穿风险评估体系来度量库存系统在运行过程中所面临的潜在风险性，解决了库存系统在受到多重“噪声”的干扰下其风险性的评估问题，并进一步完善了库存系统优化与控制决策机制。此外，还利用非常返和零常返理论，提出“蜡烛定律”，来刻画库存系统的期望收益的变化趋势，研究方法具有创新性。

第 2 章　相关文献综述

本章主要从不完备质量的库存模型、多产品库存系统的决策模型、风险厌恶库存模型等三个方面对本研究相关研究文献进行综述。最后，在相关文献的回顾和评述的基础上，总结和归纳前人研究存在的不足之处，提出本研究的问题。

2.1　考虑不完备质量下的库存模型

库存系统决策机制的基本思想就是在满足需求的前提条件下，实现库存系统中的运作成本的最小化，其基本理论和方法源自经济订货批量（EOQ）模型。Khan 等[2]对经济订购批量模型发展沿革的调研成果认为，经济订货批量模型的理论框架源自 Harris 在 1913 年研究银行货币的储备问题时所提出的现金储备模型，该模型奠定了库存系统决策模型的理论基础。

产品质量的不完备性指的是产品质量水平（缺陷率）具有不确定性，变化而不稳定的现象。由于经典的 EOQ 模型的假设条件较为完备化，限制了该模型在实际问题中的应用。针对库存中存在不完备（产品质量存在缺陷）的现象，Shih、Porteus、Rosenblatt 和 Lee 等学者[3-5]在不完备质量的条件下研究了库存系统的优化与控制问题。不完备质量条件下的库存系统优化与控制问题，已成为当今国内外学者关注的热点研究领域之一，其所涉及的具体内容如下。

2.1.1　考虑带有质检策略的不完备质量库存模型

Lee 和 Rosenblatt[6]的研究成果体现了质检工作对库存系统的优化与控制策略的重要性，在产品可能存在质量问题的条件下，其根据盲购和选购的两种采购策略制定最优质检方案，并给出库存系统的最优订购决策。Moinzadeh 和 Lee[7]考虑质检工作由供应商来完成的情况下，基于泊松需求过程构建连续盘点型的不完备质量决策模型，并利用数学逼近方法给出模型的近似解。Schwaller[8]将质检费用纳入EOQ模型的基础框架，构建相应的库存优化模型。Porteus[9]在假设质检存在时间延迟的条件下拓展EOQ模型，其研究结果表明在无有效的质检策略的情况下，应该减少批量以弥补产品的质量差时所带来的损失。Zhang和Gerchak[10]在随机产出的情形下考虑联合批量和质检行为的EOQ模型，并分别考虑带有惩罚和替代条件下的最优订购问题。Ben-Daya和Rahim[11]研究在不完备质量条件下带有检测失误的批量模型，并通过算例证明该模型的有效性和可行性。Wu等[12-13]分别在延期交货、销售损失和提前期可控的条件下，研究针对产品存在质量问题而进行小批量抽样检查的效果，进而构建(Q, r, L)型的库存决策模型，并通过算法程序给出模型的最优订购策略。Konstantaras和Goyal[14]基于100%质检策略构建库存决策模型，为了实现该模型下的收益最大化，对于在检查过程中出现质量存在问题的产品，直接放在二手市场销售或以打折方式进行促销。Ben-Daya和Noman[15]联合库存和质检行为构建在随机需求和无替换条件下的决策模型，并在不检查、抽样检查和100%检查三种质检策略下，给出模型的最优订购决策。Khan等[16]假设质检失误率为固定的分布函数，拓展EOQ模型，研究结果表明为了实现库存系统利润最优化的目标，应对质量存在问题的产品进行降价处理。

2.1.2 考虑允许缺货、可变提前期等情形下的库存模型

（1）考虑允许缺货和延期交货的不完备质量库存模型。

Mak[17]将缺货期间的需求视为一个随机变量，在允许延期交货的条件下提出不完备质量的库存决策模型，其研究结果表明缺货期间需求的随机性对模型的最优补货策略具有较强的敏感性。Rezaei[18]利用带有延期交货约束条件的EOQ模型，构建不完备质量的库存决策模型。Wee等[19]在考虑缺货完全延期供给的条件下提出不完备质量的库存决策模型。Eroglu和Ozdemir[20]在采取100%质检策略以及将缺陷产品做报废处理的情况下，考虑允许缺货的库存系统的优化与控制问题，并通过算例给出缺陷率对最优解的敏感性分析。Roy和Sana[21]视产品的缺陷率为服从均匀分布的随机变量，在部分延期交货的情形下拓展EOQ模型。Jaggi等[22]在允许缺货和延期交货的情况下，将信贷融资因素纳入库存系统的决策机制，拓展了不完备质量下的库存决策模式。Skouri等[23]在缺陷率达到一定水平后视为拒绝收货的前提条件下，拓展了带有延期供给约束条件的EOQ模型，其研究结果表明产品的质量水平对库存系统的成本具有重要的影响。

张群等[24]把缺货量、缺陷率等变量作为模糊数，建立了一种考虑缺陷率和缺货

的模糊 EOQ 模型，进而确定库存系统的最优订购批量，以实现年总成本最小的目标。李群霞和张群[25]采用广义拉格朗日法与反证法相结合的方法，解决了文献［24］中的决策模型的最优解。汪盈盈等[26]考虑库存系统管理中的产品质量存在缺陷的实际问题，研究带有随机模糊缺陷率和允许缺货的 EOQ 模型，并利用随机模糊理论将所建立的模型转化为确定性的决策模型，同时设计随机模糊模拟仿真和算法，进而提出模型的最优订购策略。桂寿平等[27]假设产品的质检与补货过程同步进行，视每个订货周期为一个更新过程，建立含有缺陷率并且允许缺货的 EOQ 模型，进而确定模型的最优订购策略，并通过具体算例验证模型的合理性和有效性。

（2）考虑可变提前期医素的库存模型。

Ouyang 和 Wu[28]假设缺陷率和提前期分别服从二项式分布和正态分布，把提前期和订购量作为决策变量纳入库存优化模型中，运用算法程序给出模型的最优解。Ho[29]假设提前期的分布函数未知且其一阶和二阶矩有界，构建不完备质量下的库存优化模型，并运用模型中的主要参数分析最优订购策略的敏感性。Lin 等[30]对 Ho 所建立的模型进行注释和拓展，经过比较分析得出比 Ho 更有效的模型最优解。Lin[31]综合考虑提前期可变、延期供货打折和产品中带有次品等因素，构建随机盘点的库存优化模型，并给出模型最优解的具体算法。Sarkar 等[32]在允许延期支付的情况下，假设提前期和订购量为决策变量，构建不完备质量下的库存决策模型，并通过算法给出模型的最优解。朱桂平[33]假设提前期可以控制，同时视订货数量、再订货点、提前期及运输频率为决策变量，构建随机缺陷率的库存模型，并给出模型的具体求解算法。

2.1.3　考虑带有学习效应的不完备质量库存模型

Koulamas[34]针对产品中可能带有瑕疵问题，基于学习效应理论构建最优批量模型，其模型的相关结论表明系统的总成本关于缺陷惩罚成本和缺陷率为单调递增的，而关于学习效应水平为单调递减的。Wahab 和 Jaber[35]在 Salameh 和 Jaber[36]、Maddah 和 Jaber[37]、Jaber 和 Goyal[38]等模型理论的基础上，构建带有学习效应的不完备质量 EOQ 模型，并分别讨论有和无学习效应下的最优订购批量问题。Khan 等[39]在销售损失、延期交货以及质检过程带有学习效应的条件下拓展 Salameh 和 Jaber 的模型，并分别考虑在无学习迁移、部分学习迁移和全部学习迁移的情况下模型的最优解问题。Konstantaras 等[40]在允许缺货的条件下，建立质检过程带有学习效应的不完备质量 EOQ 模型。Yadav 等[41]在市场需求预测不精确以及质检出现失误的情况下研究库存决策优化的问题，并将学习效应纳入检测过程和库存系统的理论框架，运用模糊数学理论构建库存决策模型，最后通过算例分析模型的最优解和学习效应之间的关联性。Kazemi 等[42]认为人的认知和经验有助于对模型参数的估计，因此在将学习效应作用于参数设计的基础上，提出带有学习曲线和缺陷率的 EOQ 模型，并运用算例说明学习效应对模糊库存模型中的参数设计的重要性。

2.1.4 考虑折扣、返修、退货等情形下的不完备质量库存模型

Hsu 和 Yu[43]基于打折的促销理念，针对库存系统中存在次品问题，采取了100%质检策略，并构建带有一次折扣因子的库存决策模型。Feng 等[44]综合考虑现付折扣和信用支付等因素，提出带有缺陷率的库存决策模型，并根据模型的结论给出相应的管理启示。Annadurai 和 Uthayakumar[45]针对库存系统中的缺货以及存在次品的现象，采取打折策略来激发消费者的订购欲望，进而实现优化库存管理的目标。郭彩云和胡劲松[46]考虑实际库存管理中的产品缺陷和价格折扣问题，提出带有价格折扣的不完备质量 EOQ 模糊库存模型，并利用符号距离方法将模糊库存模型转化为确定的决策模型，进而给出模型的最优订货策略。

Agnihothri 和 Kenett[47]假设次品的数量为服从几何分布的随机变量，并采取100%质检和返工策略定量化分析带有缺陷的产品对在制品库存系统的绩效的影响，最后根据模型的相关结论给出具体的预算分配方案，以提高系统的运作水平。Jaber 等[48]在次品不可替换的条件下考虑带有维修策略的库存系统最优订购批量问题，其模型相关的结论表明单位购买成本和缺陷比例各存在一个阈值，以确定是采取维修策略还是从当地分销商高价求购所需的产品。Ullah 和 Kang[49]综合考虑返工、退货、批量检验等因素对产品带有瑕疵的 EOQ 模型进行拓展，在需求独立的条件下，该模型下的结论较经典的 EOQ 模型更具一般性和可操作性。胡劲松和郭彩云[50]考虑检验速度具有差异性，建立两种带有模糊缺陷率、模糊废品率、修复成本且允许缺货的 EOQ 模型，并综合运用符号距离和代数方法，给出模糊模型的最优策略。赵双双和郭嗣琮[51]在缺陷产品可修复以及假设修复速率为模糊变量的情况下构建库存优化模型，并运用模糊结构元理论给出模糊库存总成本最小化的求解方法和步骤，进而得到带有模糊结构元的最优解的解析式。

2.1.5 不完备质量多级库存模型

Ouyang 等[52]在质量不具有完备性的条件下，构建 V-B（vendor-buyer）型联合库存决策模型，并运用迭代法给出模型的最优订购策略。Ho 等[53]综合考虑延期供给和

提前期等因素，拓展文献［52］中的 V-B 型库存模型，并通过算例给出模型参数的敏感性分析。Lin 等[54]考虑由供应商和零售商构成的库存的优化与控制问题，其模型充分体现信用支付和产品的缺陷率对最优订购策略的影响；Soni 和 Patel[55]则在部分信用支付下考虑同样的问题。Su[56]同样在信用支付的条件下考虑带有缺陷率的库存模型的最优化问题，但其模型综合考虑折扣和允许缺货等因素对最优订购策略的影响。Sana[57]研究由供应商、制造商和零售商所构成的三级库存系统的优化问题，在充分考虑原材料采购量、生产率、单位生产成本和闲置时间等要素对库存系统的影响的情况下，构建不完备质量库存决策模型，并通过算例证明模型的有效性和可行性。Yang 等[58]综合考虑缺陷率、返工和信用期限等因素提出三级库存决策模型，并通过数值实验的方式给出模型相关结论的管理启示。

2.1.6　建模方法导向下的不完备质量库存模型

Cheng[59]在需求依赖单位生产成本和不完备生产过程的条件下，拓展了 EOQ 决策模型的理论基础，并利用几何规划（geometric program，GP）给出模型的最优解。Cárdenas-Barrón[60]在考虑线性和固定延期供货成本的情况下，同样运用几何学导出 EOQ 模型的最优解；Huang[61]则运用代数的方法构建不完备质量 EOQ 模型下的决策机制。Ouyang 等[62]在部分延期供货的条件下考虑不完备质量库存系统的优化决策问题，但由于随机提前期的分布函数为未知，导致决策模型的复杂化。为此，其运用极大极小自由分布（minimax distribution-free）的方法，构建新的决策模型，并通过算例证明模型结论的合理性。Haji 等[63]研究随机缺陷率和初始库存状态下库存系统的最优化问题，并借助报童模型的基础理论构建相应的决策模型。Chang[64]运用模糊集理论拓展带有缺陷率的 EOQ 模型，周威和金以慧[65]研究同时具有模糊缺陷率和模糊订货费用的库存优化管理问题。

综上所述，针对不完备质量库存系统优化问题的研究，许多学者在库存模型中分别纳入质检策略、允许缺货、延期供货、可变提前期、折扣、学习效应、返修和退货等决策因素是该研究领域的主流思想。尽管如此，人们对质量缺陷的研究主要假定质量是固定的，或者符合一定的固定分布特征的函数情况。至今为止，尚未有将马氏随机波动的质量问题纳入库存决策的研究文献。

2.2 多产品库存决策模型

多产品库存是一类复杂的库存问题，国内外学者进行了大量的研究。

2.2.1 决策理念导向下的多产品 EOQ 模型

（1）考虑不确定需求下的多产品 EOQ 模型。

Sana[66] 在视需求为媒体广告和促销努力的函数的条件下，拓展多产品 EOQ 模型，并分别在假设需求函数关于媒体广告和促销努力为二次函数、线性函数和指数函数的情况下研究模型的最优策略。Kotb 和 Fergany[67] 综合考虑需求受单位成本和可变提前期的影响，并给出决策模型的最优解，Pal 等[68] 则基于需求与价格之间的关联性，提出相应的决策模型。Cárdenas-Barrón 等[69] 在二级供应链的环境下研究最优订购批量问题，并假设需求为促销努力依赖的条件下，提出多产品 EOQ 模型，同时运用算例比较合作和非合作情况下各方所得平均收益水平的差异性。

需求是库存系统的优化与控制策略的理论基础，其不确定性给 EOQ 模型的构建带来一定的挑战，建模的主要难点在于如何刻画具有不确定性的需求的内在变化规律。上述研究成果充分考虑促销、价格及单位成本等因素与需求之间的敏感性对最优订购批量的影响，并给出模型的最优解。

（2）考虑定价、折扣及允许缺货等因素下的多产品 EOQ 模型。

Chen 和 Min[70] 将库存的补货周期长度纳入理论模型的框架，拓展 Cheng[71] 的联合定价与库存优化模型，并利用库恩—塔克条件证明其所提出的多产品 EOQ 模型的解的存在性和唯一性。Shin 和 Park[72] 认为在需求具有价格弹性的条件下，若无法确定价格的弹性系数以及需求规模的大小，就不能解决多产品联合定价与 EOQ 模型的优化问题。为此，其给出关于价格弹性和需求函数有效的数学估计方法，并建立相应的决策模型。Pasandideh 等[73] 在允许缺货及库存容量有限的条件下，综合考虑折扣因子、通货膨胀及延期支付等因素对多产品 EOQ 模型的最优策略的影响。王东红[74] 构建多产品联合定价、广告和订货的 EOQ 模型，并分析模型最优解的存在性，同时在假设模型的随机变量为服从负指数分布的情形下，给出库存系统的最优定价、广告费用与订购决策。

2.2.2　建模方法导向下的多产品 EOQ 模型

（1）模糊数学理论和方法导向下的多产品 EOQ 模型。

Baykasoğlu 和 Göçken[75]在假设模型中的参数为三角模糊数的情形下，拓展多产品 EOQ 模型，并利用模糊排序法给出了模型的最优解。Ying[76]运用模糊模拟方法，构建带有模糊存贮能力约束的多产品 EOQ 模型。Nasseri 等[77]考虑在实际决策环境下模型参数具有一定的模糊性，假设成本和延期供货为模糊的情况下，提出相应的 EOQ 模型。Yadavalli 等[78]降低模型参数的准确性要求，将模糊集理论纳入模型的分析框架，进而提出带有模糊成本参数的多产品 EOQ 模型，并对相关的参数进行敏感性分析。Saha 等[79]综合考虑预算、需求依赖价格、存贮空间不确定等因素，构建带有模糊成本和资源约束的多产品 EOQ 模型，并运用算例给出模型的最优解。

模糊数学是研究和处理实际环境中具有模糊属性现象的一种数学理论和分析方法，是由美国控制论学者 L. A. 扎德创立的。在随机库存系统中，存在着许多具有模糊属性的现象，如需求、供应能力等的不确定性程度，因而将模糊数学理论运用在库存系统的研究领域中符合现实的决策环境。上述学者基于对实际问题的建模考量，将库存系统中相关的核心参数进行模糊化，构建了相应的多产品 EOQ 模型，丰富了运筹学研究领域中的决策理论和方法。

（2）求解方法导向下的多产品 EOQ 模型。

Baykasoglu 和 Gocken[80]针对完全模糊情形下的多产品 EOQ 模型的求解问题，分别采用模糊排序法、粒子群优化和启发式算法，给出模型的具体求解方法和步骤。Cárdenas-Barrón 等[81]分别在线性和固定延期供货成本假设下，运用启发式算法解决多产品 EOQ 模型的最优解问题，通过与遗传算法的比较分析，结果表明采用启发式算法得出来的最优解效果更佳。Pasandideh 等[82]分别运用参数调试遗传算法（parameter-tuned genetic algorithm，PGA）和文化基因算法（memetic algorithm，MA），对带有折扣因子和存贮能力约束的多产品 EOQ 模型进行求解，通过比较两种算法下的平均目标函数值和运行时间，发现 PGA 的绩效性更高。Miranda 等[83]同样在存贮能力约束条件下分析模型的求解问题，但其采用的是积分算法。Kotb 等[84]研究可变提前期下的多产品 EOQ 模型的求解方法，其采用的方法是拉格朗日乘数法。Nia 等[85-86]针对带有缺货因素的多产品 EOQ 模型的求解问题，分别运用蚁群优化算法（ant colony optimization algorithm）以及混合遗传和帝国主义竞争算法（hybrid genetic and imperialist competitive algorithm），给出相关模型的最佳逼近解。与上述学者不同的是，Rossi 等[87]采用整数规划法给出带有能力约束的模型最优解。

因为多产品库存系统比较复杂，所以其模型的求解方法成为学术界普遍关注的研究热点之一。以上学者分别在不同的实际背景下，运用不同算法给出相应模型的求解方法和步骤，并通过比较的方式，分析其所采用的算法的优劣性。

2.2.3 决策理念导向下的多产品报童模型

（1）考虑价格策略下的多产品报童模型。

Khouja 和 Mehrez[88]在允许缺货的情形下，构建带有多重折扣因子的多产品报童模型，并通过算例验证模型的有效性和可行性。Anupindi 和 Bassok[89]在考虑完成既定交易额的前提条件下，将折扣因子引入多产品报童模型的理论框架，进而给出库存系统的最优订购策略。Zhang[90]分析在订购数量折扣情形下多产品库存模型的构建问题，其模型相关结论表明，利用拉格朗日松弛变量法可得出模型的最优解；Shi 等[91-92]则在订购数量折扣情形下，构建需求依赖价格的多产品联合定价和库存优化决策模型。Murray 等[93]在顾客的需求具有预算敏感性的条件下，构建带有价格策略的多产品报童模型，并运用整数规划法解决模型的最优解问题。喻瑛和张卫[94]建立带有模糊价格的多产品报童模型，并利用混合遗传算法给出模型的最优订货水平。阳成虎和秦小辉[95]在需求与商品的定价之间具有敏感性以及假设需求函数为价格的线性加函数型的情形下，提出多产品报童模型，其相关结论表明该模型最优解的求解过程可归类为凸可分非线性连续多产品资源分配问题，进而可运用二分搜索算法取得模型的最优解或最佳逼近解。

（2）考虑产品间具有替代性和互补性下的多产品报童模型。

Khouja 等[96]考虑利用产品间的可替代性以满足缺货情况下的顾客需求的情况，进而构建相应的多产品报童模型，并运用蒙特卡罗参数模拟法计算模型的最优解。Lau 和 Lau[97]在产品间具有互补性的情况下研究多产品库存系统的优化与控制策略问题，并提出带有互补策略的多产品报童模型，同时分析模型最优解的基本性质。Nagarajan 和 Rajagopalan[98]在可替代产品间的需求为负相关的情形下，构建多产品报童模型，其研究结果表明库存系统的服务水平关于替代率和需求的方差为单调递减的；King 和 Wallace[99]则在可替代产品间的需求为正相关的情形下，研究多产品报童模型的最优解问题。Liu 等[100]视产品间的替代率为固定常数，研究在此情形下损失厌恶因子对多产品报童模型最优解的影响，并通过算例的数值模拟验证模型的可行性。Ma 等[101]考虑实际问题中顾客的需求具有转移性以及产品间具有替代性，提出相应的决策模型，并得出多产品库存系统的全局最优策略。

杨慧和宋华明[102-103]在库存量固定以及需求变量服从正态随机分布的假设条件

下，研究单周期替代性产品联合定价的报童问题，证明目标函数关于模型中的决策变量为单峰函数。翟阳阳等[104]针对需求信息未知的问题，建立单周期具有单向可替代性的在线订货报童模型，并设计有效的在线订货策略，同时利用竞争性分析给出该问题的最优竞争策略及其对应的最优订货量。曹国昭和齐二石[105]研究损失厌恶和产品间可替代情形下的报童问题，其研究结果表明在存在替代品竞争的环境下，当缺货损失大于过量的订货损失时，损失厌恶因子使零售商库存的成本以及行业总库存的成本增大；否则反之。

（3）考虑预算约束下的多产品报童模型。

Moon 和 Silver[106]在假设库存系统的单位成本为固定常数的条件下，提出带有预算约束的多产品报童模型，并利用遗传算法和动态规划给出模型的最优解；Abdel-Malek 等[107－108]则运用通用的迭代法研究模型最优解的问题。Zhang 和 Hua[109]基于由固定价格和期权构成的契约合同的视角，拓展带有预算约束的多产品报童模型。Chen 和 Chen[110]将预售策略纳入模型的理论框架，构建相应的模型，通过比较分析发现该模型比传统的带有预算约束的模型更具有优越性。Zhou 等[111]基于损失边际效应删除法的视角，运用线性逼近法研究带有预算约束的多产品报童模型的求解问题。黄松等[112]考虑带有顾客战略行为及预算约束的多产品报童问题，在引入理性预期均衡分析的基础上，获得报童和战略顾客双方静态博弈时的理性预期均衡解，同时分析了数量承诺对均衡数量和均衡价格的敏感性。

预算约束下的多产品报童问题是随机库存系统领域中的经典问题，即当预算的资金额度为固定的情况下，如何从备选的产品目录里确定最优采购组合。在带有约束的条件下，模型的求解比较困难，因此上述研究成果主要体现在寻找一种具有可行性和精确性的求解方法。

（4）考虑其他决策理念下的多产品报童模型。

Erlebacher[113]研究能力约束下的多产品报童模型；Zhang 和 Du[114]则在该模型的理论基础上，引入服务外包理念，提出相应的模型。Ding[115]考虑带有机会约束条件的多产品报童问题，并利用不确定性理论提出不确定期望值规划模型（uncertain expected value programming model），同时给出多产品库存系统的最优订购策略。Fan 等[116]综合考虑服务水平和复合合同对订购策略的影响，提出新的带有约束条件的多产品报童模型。周艳菊等[117]研究损失约束条件下的多产品报童问题，运用由损失边际效用排序论导出的删除法，解决模型在非负约束条件下最优解的问题，并通过算例验证模型和方法的有效性。朱赛花等[118]研究在资源和预算约束条件下允许外购的多产品报童模型，并对模型相关的结构特征进行分析，同时运用可行方向方法给出模型的最优解。

2.2.4 建模方法导向下的多产品报童模型

(1) 模糊数学理论和方法导向下的多产品报童模型。

Shao 和 Ji[119] 假设库存系统的需求具有模糊性，进而提出基于模糊数学理论的多产品报童模型。Hosseini 等[120] 视库存成本为模糊数，结合折扣因子拓展多产品报童模型。Dutta[121] 假设存贮空间为有限的条件下，构建带有模糊需求的多产品报童模型。胡玉梅等[122] 针对模糊随机需求下单制造商—多零售商的分布控制型的多产品报童问题，提出带有融资能力约束下期望利润最大化的两层规划决策模型，并运用模糊随机模拟技术给出模型的求解方法。

(2) 博弈论和行为科学理论导向下的多产品报童模型。

胡劲松和胡玉梅[123] 针对分布控制型的报童问题，分别在无数量折扣和有数量折扣情况下，提出利润最大化两层规划模型，解决上层制造商与下层多零售商确定各自最优订货量的 Stackelberg-Nash 均衡策略问题。周艳菊等[124] 运用前景理论研究需求不确定条件下的多产品报童问题，并在前景理论的框架下导出随机需求下零售商对产品订货的价值函数、主观概率与决策权重函数，进而建立基于前景理论的多产品报童模型。徐鹏[125] 针对具有季节性的商品，以 Stackelberg 博弈理论为分析方法，在报童模型的理论基础上，构建相应的决策模型。周佳琪和张人千[126] 构建交叉销售产品的报童博弈模型，并证明该博弈模型为超模博弈，同时研究给出一阶博弈均衡解的存在性和唯一性条件以及解的上下界。

(3) 模型求解方法导向下的多产品报童模型。

数学规划方面：Abdel-Malek 和 Areeratchakul[127] 对带有边际约束的多产品报童模型，利用二次规划法给出模型的最优解，并给出模型的敏感性分析；Niederhoff[128] 则采用数学分离规划法对该模型进行了求解。算法方面：Das 和 Maiti[129] 在可替代的应用背景下考虑易变质多产品报童问题，并运用遗传算法给出该问题下的模型求解方法。带有多个约束条件的多产品报童问题，给模型的求解增加了一定的难度。Zhang 等[130-131] 针对此问题采用二进制算法给出模型的最优解，并通过数值实验证明该算法的有效性；Chung 等[132]、Strinka 等[133] 则在不同的应用背景下，运用启发式算法。混合数学规划与算法方面：Taleizadeh[134] 在存贮成本和缺货成本为二次函数的假设条件下，提出带有折扣因子和库存容量约束的多产品报童模型，并采用混合目标规划和遗传算法给出模型的最优解。

根据以上相关文献的研究结果，易知各国学者关于多产品库存系统的拓展性研究主要体现在以下几个方面：其一，在决策理念导向下，主要聚焦于考虑允许缺货、价格策略、风险损失、替代性和互补性、预算约束、资源约束等因素。其二，在建模方法导向下的拓展性研究方面，主要采用模糊数学、博弈论、求解新方法等理论工具研究 EOQ 模型和报童模型。

2.3　风险厌恶型库存模型

库存系统的风险性源自其运行过程中的随机性，因此不确定性成为风险的基本属性。Kleindorfer 和 Saad[135]对供应链管理中所存在的风险性进行系统的研究，并将风险的源头分为两大类：一是在对供应和需求协调过程中所产生的风险性，二是由生产和运作管理中的日常性活动的中断而产生的风险性。因此，加强对这两大风险源头的管理和控制，有利于提高系统运作管理的绩效性。

关于决策者风险偏好性的起源问题，进化论学派者认为人类的遗传基因起着关键的作用[136]。企业管理者对风险所持有的态度，可分为两种类型：一类是风险中性型，另一类是风险厌恶型。风险中性型指的是管理者不关心决策过程中所面临的风险性；风险厌恶型指的是管理者对待风险具有规避的心理，在权衡具有不确定性的收益过程中，往往倾向于做出牺牲收益以获取更具确定性的结果的决策[137]。考虑将决策者的风险厌恶因素纳入库存系统的决策机制，是由 Whitin 和 Peston 在研究库存优化问题时所提出的[138]，至今仍为库存系统的优化与控制研究领域的焦点之一。以下主要围绕常用于库存系统管理中的风险测度理论与方法，对具有代表性的相关文献进行回顾和评述。

2.3.1　基于效用函数准则的风险厌恶型库存模型

Li 等[139]在报童模型的理论基础上，运用等级依赖期望效用（rank-dependent expected utility，RDEU）理论构建带有风险偏好的库存决策模型，经过比较分析发现，由 RDEU 理论导出的模型的最优解对风险厌恶因子的敏感性比 EU（expected utility）理论所导出的显著。Sayin 等[140]综合考虑金融市场中的套期保值和供需不确定性等因素，基于 EU 理论提出带有风险规避的库存模型，并通过算例模拟分析模型参数对最优订购策略的影响。Giri[141]在需求具有价格弹性的假设条件下，提出允许缺货和部分延期供给的联合定价和风险偏好库存模型，并指出在风险厌恶下价格的最优值不低于风险中性下的值，风险厌恶和风险中性下最优订购量的大小关系则正好相反。Ma

等[142]研究带有损失规避的报童模型，其模型的相关结论表明最优订购量关于决策者的风险厌恶程度为单调递减的。

刘咏梅等[143]针对零售商损失厌恶行为导致其决策不符合实际的现象，从顾客渠道偏好和零售商损失厌恶的角度，构建混合渠道的库存决策模型。其研究结果表明，当制造商能提供合理利润共享契约，同时适当调节库存水平的高低时，零售商集中库存模式将比独立库存模式更有利于协调带有损失厌恶零售商的混合渠道。舒磊和吴锋[144]假设采购商为风险厌恶型的决策者，建立基于指数效用函数的库存决策模型，并证明模型最优解的存在性和唯一性，同时通过算例分析供应价格、风险厌恶程度和需求等参数对最优策略的影响。

从管理的角度讲，效用可解释为决策者对某一项决策感到满意的程度。一般情况下，效用函数具有凹性的特征，根据其凹性可以刻画决策的效用与决策者的满意度之间关联性的演变规律。即一项决策带来的报酬越高，管理者满意度就越大；但随着利润的逐渐增加，决策者的满意度增加幅度就会下降。这是由于高利润通常隐藏着高风险，因此风险厌恶者对追逐高利润的意愿并不强烈。上述学者基于不同的实际背景，利用效用函数的凹性给出决策者的厌恶程度对最优决策的影响。

2.3.2 基于均值—方差准则的风险厌恶型库存模型

Choi 等[145]分别在风险厌恶、风险中性和风险偏好的情形下，基于均值—方差准则分析报童模型下的最优决策问题，其结果表明风险偏好情形下的最优订货量可能大于风险中性下的最优订货量。Choi 和 Chiu[146]在假设零售价分别为内生和外生变量的情况下，联合平均下行风险和均值—方差准则进一步拓展带有风险厌恶的报童模型，并通过数值实验的方式揭示模型的相关结论对时尚零售业蕴含的一些管理启示。Tekin 和 Özekici[147]在随机需求以及供应与金融市场行情相关的环境下，运用均值—方差准则研究带有风险厌恶的报童问题，并给出该模型的最优订购策略和最优投资组合的选择策略。Rubio-Herrero 等[148]假设价格和库存量为决策变量，基于均值—方差准则分别构建带有风险厌恶和追逐风险收益的报童模型，并给出模型的最优解。

乔虹[149]利用均值—方差准则将报童模型的期望利润最大化的单目标决策问题拓展为多目标决策问题，并运用加权法将多目标下的决策模型转化为单目标决策问题，以获取模型的最优解，最后通过算例研究权系数和需求波动与最优订购策略之间的敏感性。李熙和索寒生[150]考虑在需求预测信息具有更新性情况下的报童问题，以均值—方差理论为基础构建相应的模型，其研究结果表明，当阈值、期望方差及目标期望利润满足一定的条件时，信息更新能提高零售商的效益。

均值—方差准则的数学表达式为：$E(\pi) - \lambda Var(\pi)$，其中 π 表示决策者所采用的策略带来的报酬，λ 表示风险厌恶因子，其管理上的内涵为决策者在追逐利润和规避风险之间的一个平衡。上述学者主要基于均值—方差准则的视角，考虑不同的决策理念下相关模型的最优决策问题。关于这方面研究成果的进一步评述，详见 Chiu 和 Choi 对相关文献所做的梳理和综述[151]。

2.3.3　基于风险价值准则的风险厌恶型库存模型

Tapiero[152]在引入失望决策参数的情况下，提出基于风险价值（value-at-risk，VaR）准则的风险厌恶库存模型，并例举模型在实际中的应用。Yiu 等[153]研究随机库存系统的优化与控制问题，在综合考虑资金流中的收入和支付等因素下，构建带有 VaR 约束的库存模型，并运用动态规划和拉格朗日多重乘数法导出库存系统的最优投资组合。Chiu 和 Choi[154]在假设需求为价格依赖的前提条件下，运用 VaR 准则提出带有风险偏好性的报童模型，并通过算例将 VaR 准则下的最优订购量与风险中性下的最优订购量进行差异性分析。由于不同供应商在供应能力和产品质量上具有差异性，Waring[155]基于 VaR 准则拓展报童模型的基础理论框架，解决供应商最优选择问题。Wu 等[156]在不确定的缺货成本的情况下，基于经典的报童模型，构建带有 VaR 约束的决策机制，并对在不同的风险准则下的模型进行比较。

VaR 准则度量了在一定的置信水平下，某一项决策在给定的未来时期内可能产生的最大损失。管理者对置信水平的参数设定得越大，其风险厌恶的程度就越高。上述学者的拓展性研究工作，主要聚焦于将单个或多个决策理念纳入带有 VaR 约束的库存模型框架中，通过有效的数学理论工具给出模型的最优策略的解，同时采用数值实验的研究方法，分析模型中核心参数对决策优化水平的影响。

2.3.4　基于条件风险价值准则的风险厌恶型库存模型

Jammernegg 和 Kischka[157]综合考虑服务水平和损失等因素，构建带有风险偏好的库存模型，其结论表明：当设定库存系统的服务水平较高时，决策者具有承担风险行为的倾向；当设定库存系统损失的概率较低时，则决策者在任意情况下都为一个风险厌恶者。Han 等[158]在贝叶斯需求信息更新的条件下，建立基于条件风险价值（CVaR）准则的风险厌恶报童模型，并指出决策者的风险厌恶越高，库存系统的收益水平就越低。Qiu 等[159]在风险厌恶和不完备需求信息的环境下考虑鲁棒库存系统的决策问题，其研究结果表明在椭圆和不确定框分布（ellipsoid and box uncertain distributions）的条件下，模型的最优解具有优良的鲁棒性。Wu 等[160]在价格和质量水平竞争的情形下，提出带有 CVaR 准则的库存模型，并指出库存系统的最优订购量、价格和期望利润关于风险厌恶程度都为单调递减的。

肖辉[161]在随机需求的假设条件下，提出带有 CVaR 准则的多阶段库存决策模型，该模型以最小化损失函数的期望值为目标函数，以规避风险为约束条件，并采用样本平均近似方法（SAA）给出模型的最优解。许民利和李展[162]在随机需求与随机价格相关条件下，构建基于 CVaR 准则的报童决策模型，并证明模型解的存在性和唯一性，同时运用蒙特卡罗模拟方法，给出需求与价格的相关性以及风险态度对决策行为的变化规律。禹海波和王莹莉[163]考虑需求的不确定性对带有混合 CVaR 约束的库存模型最优解的影响，研究结果表明需求随机性的提高有利于提高系统的最优订购量和最优利润。甘信华和应可福[164]同样在随机需求的条件下，研究供应商管理库存（VMI）契约的优化与协调问题，运用 CVaR 准则构建带有风险规避的供应商管理库存（VMI）契约模型，并揭示契约模型中的供销双方风险规避水平（β_s，β_r）。

VaR 准则没有考虑当系统的损失超过所设定的置信水平下最大可能损失时的情况，即对风险的尾部没有研究。为了克服这个问题，在 VaR 准则的基础上引入 CVaR 的概念[165]。同时，CVaR 准则还克服了 VaR 准则不具备次可加性和凸性的局限。以上的研究成果充分体现了在不同的决策背景下，以 CVaR 准则度量决策者的风险偏好性对决策行为的影响，进一步完善了风险库存系统的决策机制。

由于 CVaR 准则具有次可加性、凸性以及满足一致性公理等优良的性质，同时也能反映损失超过 VaR 部分的相关信息，即刻画了尾部损失的期望值，因此 CVaR 准则相对于其他风险评估准则而言，在运作管理研究领域的应用更为广泛。但是，由于 VaR 准则的概念简单且易于理解，同时具有较强的实用性，因此仍然是国际上通用的度量金融风险的理论工具。

2.4　本章小结

综合上述，可以看出，国内外学者分别从不完备质量、多产品、风险厌恶等独立的视角出发，对库存系统进行了多方面的扩展性研究。但是仍存在一些没有研究的问题，是未来可以进一步拓展研究的内容。

（1）产品质量水平为随机波动型的带风险约束的的随机库存问题。

目前的研究文献假设质量水平是一个固定值或者确定的统计分布函数，不随时间变化。这种假设从计算角度来说是比较方便的。但是现实中，产品质量是随机波动，随时间推移不断变化的。这种随机波动的质量状况对产品的库存决策有很大的影响，有必要对现有的库存理论模型进行拓展，把质量随机波动的因素考虑进去，建立考虑风险约束的多产品随机库存决策模型。这类问题目前比较缺乏研究。

（2）供应能力依赖质量水平的多产品风险厌恶型库存决策问题。

在随机质量波动的环境下，产品的缺陷率具有不确定性。当缺陷率达到一定程度后，必然会影响到库存系统的供应能力，并对最优订购策略产生制约作用，进而在库存系统运行过程中形成相应的“噪声”，加大库存系统运作的风险性。现有文献并未考虑到产品的质量水平与供应能力之间的关联性对库存决策的影响。因此，研究考虑供应能力依赖质量水平的多产品风险厌恶型库存优化控制问题具有重要的理论与实践意义。

（3）带有融资能力约束的多产品风险厌恶型库存决策问题。

当前，我国许多制造企业面临着原料价格上升、人民币汇率波动以及用工成本增加的压力，这些因素直接导致企业使用资金的成本增加，在原料采购中资金的约束影响采购人员的决策。因此，采购中考虑供应链融资能力约束成为一个值得关注的问题。上述研究文献在研究多产品库存系统的问题时，极少考虑融资能力的约束。在融资能力约束和随机质量波动的条件下，多产品风险厌恶型库存系统的优化决策问题有待于研究和解决。

（4）供应能力和需求同时依赖质量水平条件下的多产品风险厌恶型库存决策问题。

现实中，除了供应能力依赖质量水平外，需求同样依赖质量水平。因此，供应能力和需求同时依赖产品质量水平的多产品库存问题既是一个现实问题，也是一个更加具有挑战性的理论问题。从目前的文献看，在考虑供应能力和需求依赖产品质量水平的前提下，同时考虑融资能力约束的多产品风险厌恶型库存决策的研究路径，尚未有人涉足。

本书以上述所提出的若干问题作为研究的出发点，以随机过程理论为主要研究工具，结合运用运筹学中的随机存储论、金融风险测度理论等多学科交叉理论工具，建立随机质量波动下（即马氏质量过程）的多产品风险厌恶型随机库存优化与控制模型，为扩展库存理论研究提供一个新的思路，为实践中的库存管理提供一个新的决策参考。

第3章　多产品马氏质量过程下基于CVaR的随机库存模型

3.1　引　言

根据前面一章文献综述可知，在现有关于产品存在质量缺陷的库存系统的研究中，多数学者假定质量的缺陷率为固定的常数或者服从给定的概率分布，而在多产品库存系统的研究成果中极少考虑质量缺陷问题，尤其缺乏基于风险厌恶的研究视角对不完备质量下的库存优化问题的研究。有鉴于此，本章要解决的问题是：在质量水平随机波动下，研究建立带有风险厌恶的多产品库存系统的决策模型。为了解决此问题，本章将马氏理论和条件风险价值（CVaR）准则纳入经典库存模型的理论框架，进而在质量水平随机波动条件下，基于风险偏好视角提出多产品库存系统的优化与控制模型，并建立库存系统的优化决策机制，给出多产品库存系统的最优策略。本章的学术贡献在于：第一，在库存系统的决策模型中引入马尔可夫质量过程理念（质量水平的随机波动服从马氏过程），与现有文献采用固定质量缺陷率或既定的分布概率相比，更能够反映现实情况。第二，把质量水平随机波动与库存系统的供应能力联系起来，构造供应能力依赖质量水平下的多产品库存决策模型。作为一种库存控制的策略，供应能力依赖质量水平的随机性的库存决策思想，在现有文献中尚未出现。第三，利用马氏理论描述多产品库存系统的随机运动的统计规律性，并在决策者带有风险偏好性的条件下，用马氏理论中的遍历性、不可约性等基本性质分析库存系统在运行过程中的可靠性。同时，利用马氏过程中的首达性理论分析库存系统期望利润，并提出库存系统在不同的初始状态下，首达期望销售利润的不同梯度。

3.2　模型的构建

3.2.1　模型描述和符号说明

因为产品的质量水平往往受到生产系统中随机因素的影响，如员工的工作态度、身心状况、操作失误或设备故障等，所以可以利用随机过程的方式来刻画质量水平的波动性。这里假设质量水平的随机波动性满足马尔可夫性，同时称带有马氏性的随机质量水平过程为马氏质量过程。马氏链是随机过程的重要理论分支之一，相较于经典的概率分布（如均匀分布、指数分布、正态分布），其具有独特的优越性：通过马氏过程不但可以描述随机变量在某个点上的取值概率，还能够描述随机变量的取值从某个点转移到另一点上的概率。由于质量水平的高低直接影响供应系统的能力，因此可假设多产品库存系统的供应能力为质量水平依赖的。本书主要在以上的模型假设成立的基础上，结合马氏链和条件风险测度理论（CVaR），给出由多产品构成的库存系统的最优订购策略。为了方便问题的阐述，首先做出以下符号说明，如表 3.1 所示。

表 3.1　模型的符号说明

模型符号	定　　义
$k=0,1,2,\cdots,K$	多产品库存系统的周期
$n=1,\cdots,N$	多产品库存系统的第 n 种产品
P_{nk}	第 n 种产品在第 k 周期的销售价格
C_{nk}	第 n 种产品在第 k 周期的进货价格
V_{nk}	第 n 种产品在第 k 周期的单位残值（salvage value）
$\boldsymbol{S}=\{1,2,\cdots,S\}$	质量水平的状态集，即根据产品的质量缺陷率的大小，将其划分为 S 个状态以刻画产品质量水平的高低
$\{Z_{nk}=i,i\in\boldsymbol{S}\}$	第 n 种产品的马氏质量水平
$\boldsymbol{P}_n=(p_{ij}^{(n)})_{S\times S}$	第 n 种产品质量水平的转移概率矩阵，其中 $p_{ij}^{(n)}$ 为第 n 种产品的质量水平从状态 i 转移到 j 的概率
X_{nk}	第 n 种产品在第 k 周期的随机需求变量
$W_{nk}(i)$	当质量水平处于状态 $Z_{nk}=i$ 时，第 n 种产品在第 k 周期的供应能力

续表 3.1

模型符号	定　义
$f_{X_{nk}}(x_{nk})$, $F_{X_{nk}}(x_{nk})$	第 n 种产品于第 k 周期需求变量的密度函数和分布函数
$\varphi_{W_{nk(i)}}(w_{nk})$, $\Phi_{W_{nk(i)}}(w_{nk})$	在质量水平处于状态 i 下，第 n 种产品于第 k 周期供应能力的密度函数和分布函数

3.2.2 马氏模型的基本概念

定义 4.1 设 $\{Z_k, k \geqslant 0\}$ 为一个马氏过程，记 T_{ij} 为系统从状态 i 出发首次到达 j 的时间，$f_{ij}(m)$ 为系统从状态 i 出发历经 m 个周期后首次到达 j 的概率，若 $f_{ii} \triangleq \sum_{m=1}^{\infty} f_{ii}(m) = 1$，则称 i 为常返状态；若 $f_{ii} < 1$，则称 i 为瞬时状态或非常返状态；若 $p_{ii} = P(Z_{k+1} = i | Z_k = i) = 1$，则称 i 为吸收态；设 $f_{ii} = 1$，若 $\sum_{m=1}^{\infty} m f_{ii}(m) < \infty$，则称 i 为正常状态，若 $\sum_{m=1}^{\infty} m f_{ii}(m) = \infty$，则称 i 为零常返状态。

定义 4.2 设 $\{Z_k, k \geqslant 0\}$ 为一个马氏过程，状态空间 $\boldsymbol{A} = \{\boldsymbol{A}_0 \cup \boldsymbol{A}_1\}$ 有限，$\boldsymbol{A}_0 = \{0\}$ 为吸收状态集，$\boldsymbol{A}_1 = \{1, 2, \cdots, L\}$ 为瞬时状态集，其一步转移概率矩阵为：

$$\boldsymbol{P} = \begin{pmatrix} \boldsymbol{P}_1 & \boldsymbol{P}_0 \\ 0 & 1 \end{pmatrix}, \tag{3.1}$$

式中：$\boldsymbol{P}_1$ 为瞬时状态集的一步转移概率；$\boldsymbol{P}_0 = (\boldsymbol{I} - \boldsymbol{P}_1)\boldsymbol{e}$，$\boldsymbol{e} = (1, 1, \cdots, 1)^T$ 为 L 维的单位列向量，$\boldsymbol{I}$ 为单位矩阵。记 $\boldsymbol{\tau} = \inf\{n : n \geqslant 0,\ X_n \in \boldsymbol{A}_0\}$，则称 $\boldsymbol{\tau}$ 为该随机过程从瞬时状态集到吸收状态集的首达时间，并称其分布为 Phase-Type 分布（简称 PH 分布）。对于任意 $k \geqslant 1$，其概率分布列 $P(\boldsymbol{\tau} = k) = \boldsymbol{\alpha}\boldsymbol{P}_1^{k-1}(\boldsymbol{I} - \boldsymbol{P}_1)\boldsymbol{e}$，这里向量 $\boldsymbol{\alpha} = (\alpha_1, \alpha_2, \cdots, \alpha_L)$ 为瞬时状态的初始概率值。

3.2.3 马氏质量过程下多产品风险厌恶决策模型

定义 3.1 设 $\boldsymbol{S} = \{i_0, i_1, \cdots, i_m, \cdots\}$ 为系统的状态空间，$\boldsymbol{T} = \{0, 1, \cdots, k, \cdots\}$ 为系统的周期参数集。若对于任意 $i_k \in \boldsymbol{S}$ 及 $P(Z_0 = i_0, Z_1 = i_1, \cdots, Z_k = i_k) > 0$，有

$$P(Z_{k+1} = i_{k+1} | Z_0 = i_0, Z_1 = i_1, \cdots, Z_k = i_k) = P(Z_{k+1} = i_{k+1} | Z_k = i_k), \tag{3.2}$$

则称随机序列 $\{Z_k, k \geqslant 0\}$ 为时间离散型的马尔可夫链（简称马氏链）。马氏链 $\{Z_k, k \geqslant 0\}$ 的转移概率可以用来刻画事物的内在向前发展的态势，即以概率的方式揭示事物内在运动的统计规律性。

为了方便问题的论述，这里根据产品缺陷率的大小将质量水平划分为 S 个状态，即每种产品的状态集 $\boldsymbol{S} = \{1, 2, \cdots, S\}$。因为供应商的供应能力受质量水平的影响，所以在对多种产品进行采购时，应考虑质量水平的波动性对库存系统最优订购量的影响。记 $Q_{n(k+1)}$ 为第 n 种产品在第 $k+1$ 销售周期的订购量，$t_0 = k$ 为库存系统的初始周期。第 n 种产品在第 $k+1$ 周期内的利润为：

$$\Omega_{n(k+1)}(Q_{n(k+1)}) = (P_{n(k+1)} - C_{n(k+1)})Q_{n(k+1)} - (P_{n(k+1)} - V_{n(k+1)})(Q_{n(k+1)} - x_{n(k+1)})^{+}。 \tag{3.3}$$

式中：$W_{n(k+1)}(i)$ 为产品 n 在质量水平 $Z_{n(k+1)} = i$ 下，在第 $k+1$ 周期的供应能力。结合（3.2）式可知，当产品的质量水平从状态 $i_0^{(n)}$ 转移到状态 i 时，其相应的利润为：

$$\begin{aligned}&\Omega_{n(k+1)}(Q_{n(k+1)}(i \mid i_0^{(n)}))\\ &= (P_{n(k+1)} - C_{n(k+1)})\min\{Q_{n(k+1)}(i \mid i_0^{(n)}), W_{n(k+1)}(i)\} - (P_{n(k+1)} - V_{n(k+1)}) \cdot \\ &\quad (\min\{Q_{n(k+1)}(i \mid i_0^{(n)}), W_{n(k+1)}(i)\} - x_{n(k+1)})^{+}。\end{aligned} \tag{3.4}$$

式中：$Q_{n(k+1)}(i \mid i_0^{(n)})$ 为当产品 n 的质量水平由状态 $i_0^{(n)}$ 转移到状态 i 时的订购量。

条件风险测度是库存优化决策中最重要的风险测度准则之一，其运算过程满足次可加性、单调性、凸性、正齐次性等基本性质，具体的定义如下[166]：

$$\mathrm{CVaR}_{\eta}(\Omega(Q)) = \max_{\varphi \in \mathbf{R}}\left\{G(Q, \varphi) \triangleq \varphi - \frac{1}{\eta}E[\varphi - \Omega(Q)]^{+}\right\}。 \tag{3.5}$$

式中：$\eta \in (0, 1]$；$\mathbf{R}$ 为实数集。标准的 VaR 准则只能刻画在给定的置信水平及一定的持有期限内的最大损失量，但不能反映未来的期望利润。CVaR 准则不但克服了标准 VaR 准则所具有的局限性，同时还能充分体现库存系统在运行过程中的下行风险性。假设库存管理者对不同产品持有不同的风险厌恶水平，于是结合（3.4）和（3.5）式可得产品 n 在质量水平处于状态 i 下，基于 CVaR 准则的多产品库存决策优化模型：

$$\begin{aligned}&\max_{Q_{n(k+1)}(i \mid i_0^{(n)})}\left\{\mathrm{CVaR}_{\eta_n}(\Omega_{n(k+1)}(Q_{n(k+1)}(i \mid i_0^{(n)}))\right\}\\ &= \max_{Q_{n(k+1)}(i \mid i_0^{(n)})}\left\{\max_{\varphi_{n(k+1)}(i) \in \mathbf{R}}\left\{G(Q_{n(k+1)}(i \mid i_0^{(n)}), \varphi_{n(k+1)}(i))\right\}\right\}。\end{aligned} \tag{3.6}$$

式中：$G(Q_{n(k+1)}(i \mid i_0^{(n)}), \varphi_{n(k-1)}(i)) \triangleq \varphi_{n(k+1)}(i) - \dfrac{1}{\eta_n}E[\varphi_{n(k+1)}(i) - \Omega_{n(k+1)}(Q_{n(k+1)}(i \mid i_0^{(n)}))]^{+}$。

模型中的风险厌恶因子 $\eta_n \in (0, 1]$ 反映了决策者的风险厌恶程度。η_n 的取值越小，决策者的厌恶程度越高。当 $\eta_n=1$ 时，则模型（3.6）等价于风险中性模型。

3.2.4 最优期望订购量和总期望报酬准则

记 $Q^*_{n(k+1)}(i|i_0^{(n)})=Q^*_{n(k+1)}(\varphi^*_{n(k+1)}(i))$ 为模型（3.6）的最优解。因为每种产品的状态集为 $\boldsymbol{S}=\{1,2,\cdots,S\}$，其中包含了 S 个元素，所以随机变量 Z_{nk} 的所有可能取值一共为 S 个。因此，$Q^*_{n(k+1)}(i|i_0^{(n)})$ 只是当产品 n 的质量水平于第 k 周期由状态 $i_0^{(n)}$ 转移到状态 i 时的最优订购量。以下主要研究在马氏质量过程下，提出库存系统的最优期望订购量及总期望报酬准则。

命题3.1 设产品 n 的质量水平 $\{Z_{nk}=i,i\in\boldsymbol{S}\}$ 满足马尔可夫性，其转移概率矩阵为 $\boldsymbol{P}_n=(p_{ij}^{(n)})_{S\times S}$，$i,j\in\boldsymbol{S}$。记 $t_0=k$ 为库存系统的初始周期，若产品 n 的质量水平在第 k 周期由状态 $i_0^{(n)}$ 转移到状态 i 的概率为：

$$P(Z_{n(k+1)}=i|Z_{nk}=i_0^{(n)})=p^{(n)}_{i_0^{(n)}i},$$

则该产品在初始状态 $i_0^{(n)}$ 的条件下，于第 $k+1$ 周期的最优期望订购量为：

$$\overline{Q}^*_{n(k+1)}(i_0^{(n)})=\sum_{i\in\boldsymbol{S}}p^{(n)}_{i_0^{(n)}i}Q^*_{n(k+1)}(i|i_0^{(n)}),\tag{3.7}$$

其中对于任意 $i\in\boldsymbol{S}$，$Q^*_{n(k+1)}(i|i_0^{(n)})$ 满足：

$$F_{X_{n(k+1)}}(Q^*_{n(k+1)}(i|i_0^{(n)}))=\frac{(P_{n(k+1)}-C_{n(k+1)})[\eta_n-\Phi_{W_{n(k+1)}(i)}(Q^*_{n(k+1)}(i|i_0^{(n)}))]}{(P_{n(k+1)}-V_{n(k+1)})[1-\Phi_{W_{n(k+1)}(i)}(Q^*_{n(k+1)}(i|i_0^{(n)}))]}。$$

证明： 当视 $Q_{n(k+1)}(i|i_0^{(n)})$ 为固定常数时，若 $\varphi^*_{n(k+1)}(i)$ 为模型 $\max\limits_{\varphi_{n(k+1)}(i)\in\mathbf{R}}\left\{G(Q_{n(k+1)}(i|i_0^{(n)}),\varphi_{n(k+1)}(i))\right\}$ 的最优解，则根据文献［167］中的A.1和A.2式，可得：

$$\begin{aligned}G(Q_{n(k+1)}(i|i_0^{(n)}),\varphi^*_{n(k+1)}(i))&=\varphi^*_{n(k+1)}(i)-\frac{1}{\eta_n}E[\varphi^*_{n(k+1)}(i)-\Omega_{n(k+1)}(Q_{n(k+1)}(i|i_0^{(n)}))]^+\\&=\varphi^*_{n(k+1)}(i)-\frac{1}{\eta_n}\left[\int_0^{Q_{n(k+1)}(i|i_0^{(n)})}\int_0^{w_{n(k+1)}}(\varphi^*_{n(k+1)}(i)-\right.\\&\quad(V_{n(k+1)}-C_{n(k+1)})w_{n(k+1)}-(P_{n(k+1)}-V_{n(k+1)})x_{n(k+1)})^+\cdot\\&\quad\mathrm{d}F_{X_{n(k+1)}}(x_{n(k+1)})\mathrm{d}\Phi_{W_{n(k+1)}(i)}(w_{n(k+1)})+\\&\quad\int_0^{Q_{n(k+1)}(i|i_0^{(n)})}\int_{w_{n(k+1)}}^{+\infty}(\varphi^*_{n(k+1)}(i)-(P_{n(k+1)}-\\&\quad C_{n(k+1)})w_{n(k+1)})^+\mathrm{d}F_{X_{n(k+1)}}(x_{n(k+1)})\mathrm{d}\cdot\Phi_{W_{n(k+1)}(i)}(w_{n(k+1)})+\\&\quad\int_{Q_{n(k+1)}(i|i^{(n)0})}^{+\infty}\int_0^{Q_{n(k+1)}(i|i_0^{(n)})}(\varphi^*_{n(k+1)}(i)-(V_{n(k+1)}-C_{n(k+1)})\cdot\end{aligned}$$

$$
\begin{aligned}
&Q_{n(k+1)}(i|\, i_0^{(n)}) - (P_{n(k+1)} - V_{n(k+1)})x_{n(k+1)})^+ \cdot \\
&\mathrm{d}F_{X_{n(k+1)}}(x_{n(k+1)})\mathrm{d}\Phi_{W_{n(k+1)}(i)}(w_{n(k+1)}) + \\
&\int_{Q_{n(k+1)}(i|i_0^{(n)})}^{+\infty}\int_{Q_{n(k+1)}(i|i_0^{(n)})}^{+\infty}(\varphi_{n(k+1)}^*(i) - (P_{n(k+1)} - C_{n(k+1)}) \cdot \\
&Q_{n(k+1)}(i|i_0^{(n)}))^+ \mathrm{d}F_{X_{n(k+1)}}(x_{n(k+1)})\mathrm{d}\Phi_{W_{n(k+1)}(i)}(w_{n(k+1)}) \Big] \\
= &(P_{n(k+1)} - V_{n(k+1)})Q_{n(k+1)}(i|i_0^{(n)}) - \\
&\frac{1}{\eta_n}\Big[G_1(Q_{n(k+1)}(i|i_0^{(n)})) + G_2(Q_{n(k+1)}(i|i_0^{(n)})) + \\
&G_3(Q_{n(k+1)}(i|i_0^{(n)}))\Big],
\end{aligned}
$$

式中:

$$
\begin{aligned}
G_1(Q_{n(k+1)}(i|i_0^{(n)})) = &\int_0^{Q_{n(k+1)}(i|i_0^{(n)})}\int_0^{w_{n(k+1)}}((P_{n(k+1)} - C_{n(k+1)})Q_{n(k+1)}(i|i_0^{(n)})\mathrm{d}F_{X_{n(k+1)}}(x_{n(k+1)}) \\
&\mathrm{d}\Phi_{W_{n(k+1)}(i)}(w_{n(k+1)}) - \int_0^{Q_{n(k+1)}(i|i_0^{(n)})}\int_0^{w_{n(k+1)}}((V_{n(k+1)} - C_{n(k+1)})w_{n(k+1)} + \\
&(P_{n(k+1)} - V_{n(k+1)})x_{n(k+1)})\mathrm{d}F_{X_{n(k+1)}}(x_{n(k+1)})\mathrm{d}\Phi_{W_{n(k+1)}(i)}(w_{n(k+1)});
\end{aligned}
$$

$$
\begin{aligned}
G_2(Q_{n(k+1)}(i|i_0^{(n)})) = &\int_0^{Q_{n(k+1)}(i|i_0^{(n)})}\int_{w_{n(k+1)}}^{+\infty}(P_{n(k+1)} - C_{n(k+1)})(Q_{n(k+1)}(i|i_0^{(n)}) - \\
&w_{n(k-1)})\mathrm{d}F_{X_{n(k+1)}}(x_{n(k+1)})\mathrm{d}\Phi_{W_{n(k+1)}(i)}(w_{n(k+1)});
\end{aligned}
$$

$$
\begin{aligned}
G_3(Q_{n(k+1)}(i|i_0^{(n)})) = &\int_{Q_{n(k+1)}(i|i_0^{(n)})}^{+\infty}\int_0^{Q_{n(k+1)}(i|i_0^{(n)})}(P_{n(k+1)} - V_{n(k+1)})(Q_{n(k+1)}(i|i_0^{(n)}) - \\
&x_{n(k+1)})\mathrm{d}F_{X_{n(k+1)}}(x_{n(k+1)})\mathrm{d}\Phi_{W_{n(k+1)}(i)}(w_{n(k+1)})。
\end{aligned}
$$

因此,

$$
\begin{aligned}
&\frac{\mathrm{d}G(Q_{n(k+1)}(i|i_0^{(n)}), \varphi_{n(k+1)}^*(i))}{\mathrm{d}Q_{n(k+1)}(i|i_0^{(n)})} \\
&= (P_{n(k+1)} - C_{n(k+1)})\left(1 - \frac{\Omega(Q_{n(k+1)}(i|i_0^{(n)}))}{\eta_n}\right) - \\
&\quad \frac{(P_{n(k+1)} - V_{n(k+1)})(1 - \Omega(Q_{n(k+1)}(i|i_0^{(n)})))F_{X_{n(k+1)}}(Q_{n(k+1)}(i|i_0^{(n)}))}{\eta_n}。
\end{aligned}
$$

令 $\dfrac{\mathrm{d}G(Q_{n(k+1)}(i|i_0^{(n)}), \varphi_{n(k+1)}^*(i))}{\mathrm{d}Q_{n(k+1)}(i)} = 0$, 可得:

$$
F_{X_{n(k+1)}}(Q_{n(k+1)}^*(\varphi_{n(k+1)}^*(i))) = \frac{(P_{n(k+1)} - C_{n(k+1)})[\eta_n - \Phi_{W_{n(k+1)}(i)}(Q_{n(k+1)}^*(\varphi_{n(k+1)}^*(i)))]}{(P_{n(k+1)} - V_{n(k+1)})[1 - \Phi_{W_{n(k+1)}(i)}(Q_{n(k+1)}^*(\varphi_{n(k+1)}^*(i)))]}。
$$

又因为产品 n 的质量水平于第 k 周期由初始状态 $i_0^{(n)}$ 转移到状态 i 的概率为

$P(Z_{n(k+1)}=i|Z_{nk}=i_0^{(n)})=p_{i_0^{(n)}i}^{(n)}$，故当状态 i 取遍集合 $\boldsymbol{S}$ 中的元素的赋值时，可得该产品在质量水平的初始状态 $i_0^{(n)}$ 的条件下于第 $k+1$ 周期的最优期望订购量为:

$$\overline{Q}_{n(k+1)}^{*}(i_0^{(n)})=\sum_{i\in\boldsymbol{S}}p_{i_0^{(n)}i}^{(n)}Q_{n(k+1)}^{*}(\varphi_{n(k+1)}^{*}(i)),$$

其中 $Q_{n(k+1)}^{*}(\varphi_{n(k+1)}^{*}(i))=Q_{n(k+1)}^{*}(i|i_0^{(n)})$。证毕。

同样，可知 $E[\Omega_{n(k+1)}(Q_{n(k+1)}(i|i_0^{(n)}))]$ 为当产品 n 的质量水平处于某个状态时库存系统所获得的条件期望利润，因此，当产品 n 于第 k 周期的质量水平由初始状态 $i_0^{(n)}$ 转移到状态 i 时，其所获得的最优条件期望销售利润为:

$$\begin{aligned}&E[\Omega_{n(k+1)}(Q_{n(k+1)}^{*}(i|i_0^{(n)})]\\&=E[(P_{n(k+1)}-C_{n(k+1)})\min\{Q_{n(k+1)}^{*}(i|i_0^{(n)}),W_{n(k+1)}(i)\}-\\&\quad(P_{n(k+1)}-V_{n(k+1)})(\min\{Q_{n(k+1)}^{*}(i|i_0^{(n)}),W_{n(k+1)}(i)\}-x_{n(k+1)})^{+}]。\end{aligned}\tag{3.8}$$

于是，假设供应能力与产品质量水平有关，当质量水平 $Z_{nk}=i$ 时，产品 n 于第 k 周期的供应能力的密度函数及分布函数分别为 $\varphi_{W_{nk}(i)}(w_{nk})$ 和 $\Phi_{W_{nk}(i)}(w_{nk})$，并结合马氏模型的定义，即可得以下结论:

命题 3.2 设产品 n 的质量水平 $\{Z_{nk}=i,i\in\boldsymbol{S}\}$ 满足马氏性，其转移概率矩阵为 $\boldsymbol{P}_n=(p_{ij}^{(n)})_{S\times S}$，$i,j\in\boldsymbol{S}$。记 $\overline{\boldsymbol{Q}}_{n(k+1)}^{*}(i_0^{(n)})=(Q_{n(k+1)}^{*}(i|i_0^{(n)}),i\in\boldsymbol{S})^{T}$。若其质量水平在第 k 周期的状态为 $i_0^{(n)}$，则在质量水平的波动下于第 $k+1$ 周期所获得的最优期望销售利润为:

$$E[\Omega_{n(k+1)}(\overline{\boldsymbol{Q}}_{n(k+1)}^{*}(i_0^{(n)}))]=\sum_{i\in\boldsymbol{S}}p_{i_0^{(n)}i}^{(n)}E[\Omega_{n(k+1)}(Q_{n(k+1)}^{*}(i|i_0^{(n)})]。\tag{3.9}$$

式中:

$$\begin{aligned}E[\Omega_{n(k+1)}(Q_{n(k+1)}^{*}(i|i_0^{(n)})]=&(P_{n(k+1)}-C_{n(k+1)})\Big[\int_0^{Q_{n(k+1)}^{*}(i|i_0^{(n)})}w_{n(k+1)}\mathrm{d}\Phi_{W_{n(k+1)}(i)}(w_{n(k+1)})+\\&(1-\Phi_{W_{n(k+1)}(i)}(Q_{n(k+1)}^{*}(i|i_0^{(n)}))Q_{n(k+1)}^{*}(i|i_0^{(n)})\Big]-\\&(P_{n(k+1)}-V_{n(k+1)})\cdot\Big[\int_0^{Q_{n(k+1)}^{*}(i|i_0^{(n)})}\int_0^{w_{n(k+1)}}(w_{n(k+1)}-x_{n(k+1)})\cdot\\&\mathrm{d}F_{X_{n(k+1)}}(x_{n(k+1)})\mathrm{d}\Phi_{W_{n(k+1)}(i)}(w_{n(k+1)})+\\&(1-\Phi_{W_{n(k+1)}(i)}(Q_{n(k+1)}^{*}(i|i_0^{(n)}))\int_0^{Q_{n(k+1)}^{*}(i|i_0^{(n)})}(Q_{n(k+1)}^{*}(i|i_0^{(n)})-\\&x_{n(k+1)})\mathrm{d}F_{X_{n(k+1)}}(x_{n(k+1)})\Big]。\end{aligned}$$

证明：因为

$$E[\min\{Q_{n(k+1)}(i|i_0^{(n)}),W_{n(k+1)}(i)\}]$$

$$= \int_0^{Q_{n(k+1)}(i|i_0^{(n)})} w_{n(k+1)} \mathrm{d}\Phi_{W_{n(k+1)}(i)}(w_{n(k+1)}) + \int_{Q_{n(k+1)}(i|i_0^{(n)})}^{+\infty} Q_{n(k+1)}(i|i_0^{(n)}) \mathrm{d}\Phi_{W_{n(k+1)}(i)}(w_{n(k+1)})$$

$$= \int_0^{Q_{n(k+1)}(i|i_0^{(n)})} w_{n(k+1)} \mathrm{d}\Phi_{W_{n(k+1)}(i)}(w_{n(k+1)}) + (1 - \Phi_{W_{n(k+1)}(i)}(Q_{n(k+1)}(i|i_0^{(n)}))) Q_{n(k+1)}(i|i_0^{(n)}),$$

又 $E[\min\{Q_{n(k+1)}(i|i_0^{(n)}), W_{n(k+1)}(i)\} - x_{n(k+1)}]^+$

$$= \int_0^{Q_{n(k+1)}(i|i_0^{(n)})} \int_0^{w_{n(k+1)}} (w_{n(k+1)} - x_{n(k+1)}) \mathrm{d}F_{X_{n(k+1)}}(x_{n(k+1)}) \mathrm{d}\Phi_{W_{n(k+1)}(i)}(w_{n(k+1)}) +$$
$$\int_0^{Q_{n(k+1)}(i|i_0^{(n)})} \int_{Q_{n(k+1)}}^{+\infty} (Q_{n(k+1)}(i|i_0^{(n)}) - x_{n(k+1)}) \mathrm{d}F_{X_{n(k+1)}}(x_{n(k+1)}) \mathrm{d}\Phi_{W_{n(k+1)}(i)}(w_{n(k+1)})$$

$$= \int_0^{Q_{n(k+1)}(i|i_0^{(n)})} \int_0^{w_{n(k+1)}} (w_{n(k+1)} - x_{n(k+1)}) \mathrm{d}F_{X_{n(k+1)}}(x_{n(k+1)}) \mathrm{d}\Phi_{W_{n(k+1)}(i)}(w_{n(k+1)}) + (1 -$$
$$\Phi_{W_{n(k+1)}(i)}(Q_{n(k+1)}(i|i_0^{(n)}))) \int_0^{Q_{n(k+1)}(i|i_0^{(n)})} (Q_{n(k+1)}(i|i_0^{(n)}) - x_{n(k+1)}) \mathrm{d}F_{X_{n(k+1)}}(x_{n(k+1)}),$$

故结合（3.4）式，可得：

$E[\Omega_{n(k+1)}(Q_{n(k+1)}(i|i_0^{(n)})]$

$$= (P_{n(k+1)} - C_{n(k+1)}) \Big[\int_0^{Q_{n(k+1)}(i|i_0^{(n)})} w_{n(k+1)} \mathrm{d}\Phi_{W_{n(k+1)}(i)}(w_{n(k+1)}) + (1 -$$
$$\Phi_{W_{n(k+1)}(i)}(Q_{n(k+1)}(i|i_0^{(n)}))) Q_{n(k+1)}(i|i_0^{(n)}) \Big] - (P_{n(k+1)} -$$
$$V_{n(k+1)}) \Big[\int_0^{Q_{n(k+1)}(i|i_0^{(n)})} \int_0^{w_{n(k+1)}} (w_{n(k+1)} - x_{n(k+1)}) \mathrm{d}F_{X_{n(k+1)}}(x_{n(k+1)}) \mathrm{d}\Phi_{W_{n(k+1)}(i)}(w_{n(k+1)}) +$$
$$(1 - \Phi_{W_{n(k+1)}(i)}(Q_{n(k+1)}(i|i_0^{(n)}))) \int_0^{Q_{n(k+1)}(i|i_0^{(n)})} (Q_{n(k+1)}(i|i_0^{(n)}) - x_{n(k+1)}) \mathrm{d}F_{X_{n(k+1)}}(x_{n(k+1)}) \Big]。$$

因为产品 n 的质量水平于第 k 周期由初始状态 $i_0^{(n)}$ 转移到状态 i 的概率为 $P(Z_{n(k+1)} = i | Z_{nk} = i_0^{(n)}) = p_{i_0^{(n)} i}^{(n)}$，由此可见，于下周期获得的销售利润等于 $E[\Omega_{n(k+1)}(Q_{n(k+1)}(i|i_0^{(n)})]$ 的概率为 $p_{i_0^{(n)} i}^{(n)}$。因此，在下周期的期望销售利润为：

$$\Pi = \sum_{i \in S} p_{i_0^{(n)} i}^{(n)} E[\Omega_{n(k+1)}(Q_{n(k+1)}(i|i_0^{(n)})]。$$

又因为 $Q_{n(k+1)}^*(i|i_0^{(n)})$ 为模型（3.6）的最优解，今令 $Q_{n(k+1)}(i|i_0^{(n)}) = Q_{n(k+1)}^*(i|i_0^{(n)})$ 代入表达式 Π，可得产品 n 在质量水平的波动下于第 $k+1$ 周期所获得的最优期望销售利润为：

$$E[\Omega_{n(k+1)}(\overline{Q}_{n(k+1)}^*(i_0^{(n)}))] = \sum_{i \in S} p_{i_0^{(n)} i}^{(n)} E[\Omega_{n(k+1)}(Q_{n(k+1)}^*(i|i_0^{(n)})]。$$

证毕。

设 $\boldsymbol{i}_0=(i_0^{(1)},i_0^{(2)},\cdots,i_0^{(N)})$ 为多产品质量水平的初始状态，$\overline{\boldsymbol{Q}}_{k+1}^*(\boldsymbol{i}_0)=(\overline{Q}_{1(k+1)}^*(i_0^{(1)}),\overline{Q}_{2(k+1)}^*(i_0^{(2)}),\cdots,\overline{Q}_{N(k+1)}^*(i_0^{(N)}))$ 为当质量水平处于 i_0 时多产品库存系统的最优采购策略，即库存系统在第 $k+1$ 周期对第 n 种产品的最优订购量为 $\overline{Q}_{n(k+1)}^*(i_0^{(n)})$，其中 $n=1,2,\cdots,N$；$i_0^{(n)}$ 为产品 n 在第 k 周期的质量水平。于是，由（3.8）式可得多产品库存系统在质量水平的波动下于第 $k+1$ 周期的最优总期望报酬准则：

$$E[\Omega_{k+1}(\overline{\boldsymbol{Q}}_{k+1}^*(\boldsymbol{i}_0))]=\sum_{n=1}^{N}\sum_{i\in\boldsymbol{S}}p_{i_0^{(n)}i}^{(n)}E[\Omega_{n(k+1)}(Q_{n(k+1)}^*(i\,|\,i_0^{(n)})]。\qquad(3.10)$$

由命题3.2的结论可知，最优总期望报酬准则（3.10）充分考虑了质量水平的波动性对库存系统的供应能力的影响，并在模型的理论框架上纳入马氏过程理论，以描述多产品库存系统的质量变化的统计规律性，进而揭示总期望销售利润的变化趋势。

3.2.5 模型的基本性质分析

假设产品 n 的质量水平的变化规律为 $\boldsymbol{P}_n=(p_{ij}^{(n)})_{S\times S}$，$i,j\in\boldsymbol{S}$，那么决策者所关心的问题是：产品的质量水平在不同的状态下，库存系统的订购量和销售利润是多少？该问题可以分解成如下两个子核心问题来研究：其一，库存系统的订购量和销售利润是否具有鲁棒性？其二，相对其他状态而言，若当产品 n 的质量水平处于 i_n^* 时，库存系统获得最高的销售利润，那么库存系统首次获得的最高期望销售利润是多少？接下来针对上述问题，对模型的基本性质进行分析。

命题3.3 记 $P(Z_{n(k+m)}=i\,|\,Z_{nk}=i_0^{(n)})=p_{i_0^{(n)}i}^{(n)}(m)$ 为第 n 种产品的质量水平于第 k 周期从初始状态 $i_0^{(n)}$ 出发历经 m 个周期后到达状态 i 的概率，该产品的最优期望订购量及最优期望利润分别为 $\overline{Q}_{n(k+m)}^*(i_0^{(n)})$ 和 $E[\Omega_{n(k+m)}(\overline{\boldsymbol{Q}}_{n(k+m)}^*(i_0^{(n)}))]$。若该产品的质量水平 $\{Z_{nk}=i,i\in\boldsymbol{S}\}$ 为不可约的遍历马氏链，则当 m 充分大时，存在唯一的平稳分布 $\boldsymbol{\pi}=(\pi_1,\pi_2,\cdots,\pi_S)$，使得：

$$\overline{Q}_{n(k+m)}^*(i_0^{(n)})\approx\sum_{i\in\boldsymbol{S}}\pi_i Q_{n(k+m)}^*(i\,|\,i_0^{(n)}),$$

$$E[\Omega_{n(k+m)}(\overline{\boldsymbol{Q}}_{n(k+m)}^*(i_0^{(n)}))]\approx\sum_{i\in\boldsymbol{S}}\pi_i E[\Omega_{n(k+m)}(Q_{n(k+m)}^*(i\,|\,i_0^{(n)})]。$$

证明： 因为产品 n 的质量水平于第 k 周期从初始状态 $i_0^{(n)}$ 出发历经 m 个周期后到达状态 i 的概率为 $p_{i_0^{(n)}i}^{(n)}(m)$，所以结合命题3.1和3.2的结论，可知其相应的最优期望订购量和最优期望利润分别为：

$$\overline{Q}^*_{n(k+m)}(i_0^{(n)}) = \sum_{i\in S} p_{i_0^{(n)}i}^{(n)}(m) Q^*_{n(k+1)}(i|i_0^{(n)}),$$

$$E[\Omega_{n(k+m)}(\overline{Q}^*_{n(k+m)}(i_0^{(n)}))] = \sum_{i\in S} p_{i_0^{(n)}i}^{(n)}(m) E[\Omega_{n(k+m)}(Q^*_{n(k+m)}(i|i_0^{(n)})]。$$

又因为质量水平 $\{Z_{nk}=i, i\in \boldsymbol{S}\}$ 为不可约的遍历马氏链，根据文献［168］中的定理3.5.6，可知存在唯一的平稳分布 $\boldsymbol{\pi}=(\pi_1,\pi_2,\cdots,\pi_S)$，其中 $\pi_i=\lim\limits_{m\to\infty} p_{i_0^{(n)}i}^{(n)}(m)$。因此，当 m 充分大时，有 $\boldsymbol{\pi}_i \approx p_{i_0^{(n)}i}^{(n)}(m)$，故命题成立。证毕。

命题3.3的结论具有重要的管理意义，即该命题给出了质量水平波动性的平稳分布的充分条件，消除了随机库存系统在运行过程中“噪声”所造成的影响，进而确定了库存系统的最优期望订购量及期望利润的平稳状态。同时，该结论还表明：在质量水平 $\{Z_{nk}=i, i\in \boldsymbol{S}\}$ 为不可约的遍历马氏链的基本条件下，当 m 充分大时，库存系统的最优期望订购量和最优期望利润与质量水平的初始状态无关，只跟状态的平稳分布有关。因此，在此条件下，决策者可以运用质量水平的平稳分布构建评估库存系统可靠性及安全性的指标体系。

记 i_n^* 为当产品 n 的销售利润达到最高水平时，其质量水平所处的状态；$T_{ii_n^*}^{(n)}$ 为产品 n 的质量水平从状态 i 出发首次到达 i_n^* 的时间；$f_{ii_n^*}^{(n)}(m)$ 为系统从状态 i 出发历经 m 个周期后首次到达 i_n^* 的概率；$E[\Omega_n(Q_n^*(i_n^*))]$ 表示该产品首次获得的最高期望销售利润。于是，可得以下命题：

命题3.4 设产品 n 的质量水平 $\{Z_{nk}=i, i\in \boldsymbol{S}\}$ 满足马氏性，其转移概率矩阵为 $\boldsymbol{P}_n=(p_{ij}^{(n)})_{S\times S}$，$i, j\in \boldsymbol{S}$，若产品的质量水平从当前的状态 i 出发，则该库存系统首次获得的最高期望销售利润为：

$$E[\Omega_n(Q_n^*(i_n^*))] = \sum_{m=1}^{\infty}\{[\sum_{j\neq i_n^*} p_{ij}^{(n)} f_{ji_n^*}^{(n)}(m-1) I_{(m>1)} + p_{ii_n^*}^{(n)} I_{(m=1)}] E[\Omega_{n(k+m)}(Q^*_{n(k+m)}(i_n^*|i)]\}, \tag{3.11}$$

其中 $E[\Omega_{n(k+m)}(Q^*_{n(k+m)}(i_n^*|i)]$ 如命题3.2中所定义。

证明： 因为 $f_{ii_n^*}^{(n)}(m)$ 为产品 n 的质量水平从状态 i 出发历经 m 个周期后首次到达 i_n^* 的概率，所以该产品的期望销售利润为 $E[\Omega_{n(k+m)}(Q^*_{n(k+m)}(i_n^*|i)]$ 的概率为 $f_{ii_n^*}^{(n)}(m)$。显然，当 $m=1$ 时，有 $f_{ii_n^*}^{(n)}(1)=p_{ii_n^*}^{(n)}$。又因为当 $m>1$ 时，有：

$\{T_{ii_n^*}^{(n)}=m, Z_{nk}=i\} = \cup_{j\neq i_n^*}\{Z_{nk}=i, Z_{n(k+1)}=j, Z_{n(k+h)}\neq i_n^*, 2\leqslant h\leqslant m-1, Z_{n(k+m)}=i_n^*\}$，

故可得：

$$P\{T_{ii_n^*}^{(n)}=m|Z_{nk}=i\} = \sum_{j\neq i_n^*} P\{Z_{n(k+1)}=j|Z_{nk}=i\} P\{Z_{n(k+m)}=i_n^*|Z_{nk}=i, Z_{n(k+1)}=j,$$

$$Z_{n(k+h)}\neq i_n^*, 2\leqslant h\leqslant m-1\}。$$

因此，有质量水平 $\{Z_{nk}=i,i\in \boldsymbol{S}\}$ 满足马氏性，可知：

$$f_{ii_n^*}^{(n)}(m)=\sum_{j\neq i_n^*}p_{ij}^{(n)}f_{ji_n^*}^{(n)}(m-1),$$

故

$$f_{ji_n^*}^{(n)}(m)=\sum_{j\neq i_n^*}p_{ij}^{(n)}f_{ji_n^*}^{(n)}(m-1)I_{(m>1)}+p_{ii_n^*}^{(n)}I_{(m=1)}。$$

又因为 m 的可能取值集为 $\{1,2,3,\cdots\}$，故有

$$E[\Omega_n(Q_n^*(i_n^*))]=\sum_{m=1}^{\infty}\{[\sum_{j\neq i_n^*}p_{ij}^{(n)}f_{ji_n^*}^{(n)}(m-1)I_{(m>1)}+p_{ii_n^*}^{(n)}I_{(m=1)}]E[\Omega_{n(k+m)}(Q_{n(k+m)}^*(i_n^*|i)]\}。$$

证毕。

由于不确定因素的存在，进一步增加了库存系统风险控制的难度。在随机环境下，如何利用数据分析工具挖掘库存系统有效的数据信息，构建科学的决策机制，对决策者而言至关重要。显然，若 i_n^* 为状态集中的任意一个元素时，则 $E[\Omega_n(Q_n^*(i_n^*))]$ 为库存系统首达该状态时所获得的期望销售利润。因此，若 i_n^* 为当第 n 种产品的销售利润达到最低水平时，其质量水平所对应处于的状态，那么 $E[\Omega_n(Q_n^*(i_n^*))]$ 表示该库存系统首次获取最低期望销售利润。由此可知，命题 3.4 的结论揭示了库存系统期望销售利润的数据信息的基本结构，即刻画了库存系统首达期望销售利润的不同梯度。决策者可以运用这些数据信息的基本结构，深入了解库存系统的收益的变化趋势，提高库存决策的科学性。

3.3 数值算例分析

为了便于模型的数值模拟和分析，以下算例仅考虑由 A、B 和 C 等三种产品所构成的多产品库存系统。假设各产品质量水平的状态集为 $\boldsymbol{S}=\{1,2,3\}$，库存系统的初始周期为 $t_0=k$，伽玛函数 $\Gamma(\alpha)=\int_0^{+\infty}x^{\alpha-1}\mathrm{e}^{-x}\mathrm{d}x$。需求变量的密度函数以及在不同的质量水平下各产品的供应能力的概率密度，详见表 3.2 所示。

表3.2　各产品需求变量和供应能力的概率密度

	A产品	B产品	C产品
需求变量的密度函数	$f_{X_{1(k+1)}}(x_{1(k+1)})=\begin{cases}1/200 & x_{1(k+1)}\in[0,200]\\ 0 & 其他\end{cases}$	$f_{X_{2(k+1)}}(x_{2(k+1)})=\begin{cases}1/260 & x_{2(k+1)}\in[0,260]\\ 0 & 其他\end{cases}$	$f_{X_{3(k+1)}}(x_{3(k+1)})=\begin{cases}1/300 & x_{3(k+1)}\in[0,300]\\ 0 & 其他\end{cases}$
在不同的质量水平下供应能力的概率密度			
状态1	$\varphi(w_{1(k+1)})=\begin{cases}\frac{0.04^2 w_{1(k+1)}}{\Gamma(2)e^{0.04w_{1(k+1)}}} & w_{1(k+1)}\geqslant 0\\ 0 & w_{1(k+1)}<0\end{cases}$	$\varphi(w_{2(k+1)})=\begin{cases}\frac{0.06^2 w_{2(k+1)}}{\Gamma(2)e^{0.06w_{2(k+1)}}} & w_{2(k+1)}\geqslant 0\\ 0 & w_{2(k+1)}<0\end{cases}$	$\varphi(w_{3(k+1)})=\begin{cases}\frac{0.08^2 w_{3(k+1)}}{\Gamma(2)e^{0.08w_{3(k+1)}}} & w_{3(k+1)}\geqslant 0\\ 0 & w_{3(k+1)}<0\end{cases}$
状态2	$\varphi(w_{1(k+1)})=\begin{cases}\frac{0.03^2 w_{1(k+1)}}{\Gamma(2)e^{0.03w_{1(k+1)}}} & w_{1(k+1)}\geqslant 0\\ 0 & w_{1(k+1)}<0\end{cases}$	$\varphi(w_{2(k+1)})=\begin{cases}\frac{0.05^2 w_{2(k+1)}}{\Gamma(2)e^{0.05w_{2(k+1)}}} & w_{2(k+1)}\geqslant 0\\ 0 & w_{2(k+1)}<0\end{cases}$	$\varphi(w_{3(k+1)})=\begin{cases}\frac{0.07^2 w_{3(k+1)}}{\Gamma(2)e^{0.07w_{3(k+1)}}} & w_{3(k+1)}\geqslant 0\\ 0 & w_{3(k+1)}<0\end{cases}$
状态3	$\varphi(w_{1(k+1)})=\begin{cases}\frac{0.02^2 w_{1(k+1)}}{\Gamma(2)e^{0.02w_{1(k+1)}}} & w_{1(k+1)}\geqslant 0\\ 0 & w_{1(k+1)}<0\end{cases}$	$\varphi(w_{2(k+1)})=\begin{cases}\frac{0.03^2 w_{2(k+1)}}{\Gamma(2)e^{0.03w_{2(k+1)}}} & w_{2(k+1)}\geqslant 0\\ 0 & w_{2(k+1)}<0\end{cases}$	$\varphi(w_{3(k+1)})=\begin{cases}\frac{0.05^2 w_{3(k+1)}}{\Gamma(2)e^{0.05w_{3(k+1)}}} & w_{3(k+1)}\geqslant 0\\ 0 & w_{3(k+1)}<0\end{cases}$

由于命题3.4的结论的数值分析需要一系列高阶马氏链理论来支撑，如柯尔莫哥洛夫—切普曼方程、常返及首达等基本理论，不属于本书的理论框架的范畴，为此，本算例只针对命题3.1～3.3的结论进行数值模拟和分析。

3.3.1　不同初始状态下模型的最优数值解

现在将表3.2中的各产品需求变量和供应能力的概率密度以及表3.3中的模型参数和转移概率矩阵，分别代入（3.7）和（3.9）式可得，在一定风险厌恶水平下，当各产品质量水平处于不同初始状态时的最优期望订购量及期望利润。同时，结合命题3.3的结论可获得多产品库存系统的最优期望订购量及期望利润的极限性态（平稳值）。具体的数据实验的结果如表3.3所示。

表 3.3　一定风险偏好和不同初始状态下模型的最优数值解

	A 产品			*B* 产品			*C* 产品		
模型参数值	$\eta_1=0.03$，$V_{1(k+1)}=5$，$P_{1(k+1)}=200$，$C_{1(k+1)}=150$			$\eta_2=0.025$，$V_{2(k+1)}=8$，$P_{2(k+1)}=290$，$C_{2(k+1)}=190$			$\eta_3=0.02$，$V_{3(k+1)}=6$，$P_{3(k+1)}=280$，$C_{3(k+1)}=200$		
转移概率矩阵	0.23	0.40	0.37	0.50	0.40	0.10	1.00	0.00	0.00
	0.14	0.26	0.60	0.30	0.40	0.30	0.00	0.50	0.50
	0.35	0.30	0.35	0.20	0.30	0.50	0.00	0.50	0.50
初始状态 $i_0^{(n)}$	3	1	2	2	1	3	1	3	2
最优期望订购量	126.24	130.51	145.27	119.56	109.36	128.98	90.59	99.40	99.40
最优期望利润	578.36	470.21	618.84	2810.4	2639.2	2952.9	1363.0	1543.1	1543.1
最优解的平稳分布	订购量平稳值	利润平稳值		订购量平稳值	利润平稳值		订购量平稳值	利润平稳值	
	133.28	562.06		118.84	2793.8		—	—	

若 *A*、*B* 和 *C* 产品质量水平的初始状态 $\boldsymbol{i}_0=(i_0^{(1)},i_0^{(2)},i_0^{(3)})=(3,2,1)$，则由表 3.3 的数据实验的结果可知，这三种产品在下个周期的最优订购策略为：

$$\overline{\boldsymbol{Q}}_{k+1}^*(\boldsymbol{i}_0)=(\overline{Q}_{1(k+1)}^*(3),\overline{Q}_{2(k+1)}^*(2),\overline{Q}_{3(k+1)}^*(1))=(126.24,119.56,90.59)。$$

同理，可获知各产品在不同的初始状态下，多产品库存系统的最优订购量。显然，当 *A* 和 *B* 产品质量水平的初始状态分别处于 2 和 3 时，其最优期望订购量及期望利润为最大。*C* 产品质量水平的初始状态无论处于 2 还是 3，其最优期望订购量及期望利润都分别为 99.40 及 1543.1，这是因为 *C* 产品的质量水平从初始状态 2 或 3 出发到达其他状态，其相应的转移概率相等，即都为（0.00，0.05，0.05）。由各产品质量水平的转移概率矩阵，可得以下的状态转移示意图（图 3.1 至图 3.3）。

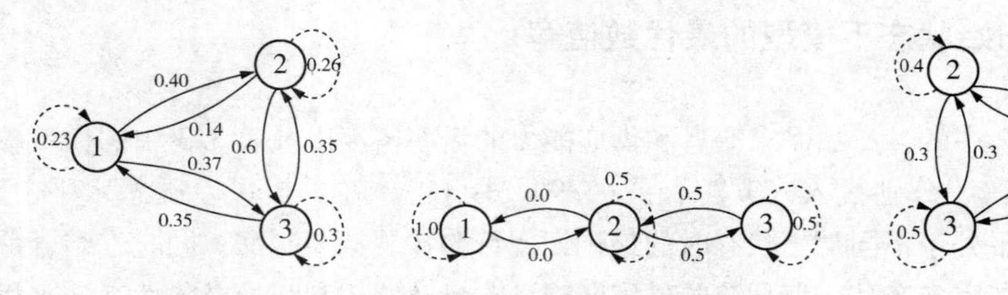

图 3.1　*A* 产品的状态转移　　图 3.2　*C* 产品的状态转移　　图 3.3　*B* 产品的状态转移

由图 3.1 及图 3.3 易知 *A* 和 *B* 产品质量水平的各个状态都是遍历和互通的，故该马氏质量过程为不可约的遍历马氏链。因此，利用命题 3.3 的结论可以获知 *A* 及 *B* 产品的库存系统具有良好的可靠性，即两者最优解的平稳值分别为（133.28，562.06）

和（118.84，2793.8）。由图 3.2 中所描述的 C 产品质量水平的状态转移规律，获知状态 1 与 2（或 3）不互通，而状态 2 及 3 互通，可见其状态空间可分解为闭集 $\{1\}$ 和 $\{2, 3\}$，故该马氏链不满足不可约性。因此，C 产品在其质量水平的波动性下，库存系统不具有可靠性。事实上，若记 $\boldsymbol{\pi} = (\pi_1, \pi_2, \pi_3)$ 为 C 产品质量水平的平稳分布，而 $\boldsymbol{P}$ 为该产品的转移概率矩阵，那么有 $\boldsymbol{\pi} = \boldsymbol{\pi P}$，并解之得 $\pi_1 = 1 - 2\pi_2$ 和 $\pi_2 = \pi_3$，其中 $\pi_1 + \pi_2 + \pi_3 = 1, \pi_n \geqslant 0, n = 1,2,3$。由此可知，方程 $\boldsymbol{\pi} = \boldsymbol{\pi P}$ 有无穷多个解，故 C 产品质量水平的极限性态不具有稳定性，所以该产品的最优期望订购量和期望利润不具有系统的可靠性。

3.3.2　供应能力和模型最优解之间的敏感性分析

根据模型的假设可知，库存系统的供应能力与质量水平的波动性具有一定的关联性。为了分析产品的供应能力和模型最优解之间的关系，这里不妨假设在质量水平的随机波动下，库存系统中各产品的供应能力 W 都服从伽玛分布 $Ga(\alpha, \lambda)$。因为随机变量的矩是概率分布的最重要特征数之一，从中可以间接反映总体的取值大小情况，所以 $E(W)$ 可以作为衡量各产品的供应能力的参数值。根据伽玛分布 $Ga(\alpha, \lambda)$ 的定义可知，其数学期望为 $E(W) = \dfrac{\alpha}{\lambda}$。因此，当 α 的取值为既定的常数时，可以利用 λ 的取值大小来反映产品的供应能力的运动趋势。令 $\alpha = 2$，显然 $E(W)$ 关于 λ 为单调递减的函数。接下来通过间接的方式，即以 λ 的取值变化情况来揭示供应能力与模型最优解之间的关联性。数值模拟的结果如表 3.4 所示。

表 3.4　一定风险厌恶下供应能力对模型的最优解的影响

λ	A 产品		B 产品		C 产品		总利润
	$V_{1(k+1)} = 10, \eta_1 = 0.03$, $P_{1(k+1)} = 300, C_{1(k+1)} = 200$		$V_{2(k+1)} = 8, \eta_2 = 0.025$, $P_{2(k+1)} = 290, C_{2(k+1)} = 190$		$V_{3(k+1)} = 6, \eta_3 = 0.02$, $P_{3(k+1)} = 280, C_{3(k+1)} = 200$		
	最优期望订购量	最优期望利润	最优期望订购量	最优期望利润	最优期望订购量	最优期望利润	
0.040	109.25	2483.5	123.82	3046.6	93.80	2397.1	7927.2
0.045	100.22	2427.6	115.25	2884.5	84.89	2262.9	7575.0
0.050	93.30	2346.2	109.01	2725.9	77.86	2134.0	7206.1
0.055	87.93	2255.3	104.42	2576.7	72.21	2014.2	6846.2
0.060	83.73	2162.8	101.09	2438.8	67.59	1904.6	6506.2

续表 3.4

λ	A 产品		B 产品		C 产品		总利润
	最优期望订购量	最优期望利润	最优期望订购量	最优期望利润	最优期望订购量	最优期望利润	
0.065	80.45	2072.4	98.67	2312.2	63.77	1804.9	6189.5
0.070	77.89	1986.0	96.93	2196.3	60.59	1714.3	5896.6
0.075	75.90	1904.4	95.69	2090.1	57.93	1632.0	5626.5
0.080	74.35	1827.6	94.79	1992.7	55.69	1556.9	5377.2
0.085	73.16	1755.7	94.14	1903.2	53.80	1488.3	5147.2

当 $\alpha = 2$ 时，易知随着 λ 值的增大，期望值 $E(W)$ 逐渐变小，表明各产品的供应能力 W 是关于参数 λ 的单调递减函数：当 λ 的取值变大时，库存系统的供应能力呈现下降的趋势。于是，结合表 3.4 中数值模拟的结果，可获得供应能力与最优解之间关联性的数据信息的基本结构，即库存系统的最优期望订购量、最优期望利润及总期望利润都为关于供应能力 W 的单调递增函数。在实际问题中，我们不难发现销售商的订购量往往会受到供应商供应能力的影响。由此可见，算例的数值实验结果符合客观现实的经济管理现象，同时也表明由模型（3.6）所确定的库存系统的决策机制具有一定的可行性和有效性。此外，从中还可得出库存系统的优化与控制理论中的一个基本结论：在一定的风险厌恶及成本参数的条件下，顾客的需求和供应商的供应能力决定了库存系统的最优订购量及其销售利润额度。

3.3.3 风险厌恶程度对最优期望订购量的敏感性分析

不失一般性，为便于深入探究决策者的风险偏好性与最优期望订购量之间的关联性以及消除其他参数的差异性施加在模型最优解的影响，以下对模型的参数取值进行特殊的处理：①假设 A、B 及 C 产品的质量水平的初始状态分别为 1、2 及 3，其转移概率如表 3.5 所示。这样的参数设计有利于消除不同初始状态对决策模型最优订购策略的影响。②不同产品的销售价格、残值及进货价格都分别对应相等，由此可以消除由这三个因素的差异性而引起的模型最优解的敏感性。③假设 A、B 及 C 产品的质量水平由初始状态出发，在下个周期分别到达各自的状态 3、1 和 2 时，其供应能力 W 都服从伽玛分布 $Ga(2,0.08)$。由上文数值实验的结果可知，在不同的质量水平的状态下，供应能力和模型的最优解之间具有正相关性，因此假设库存系统中的各产品的供应能力服从同一个分布函数，有利于消除供应能力的差异性对模型最优订购策略的影响。

表 3.5　模型的模拟参数

	A 产品			B 产品			C 产品		
模型参数值	$V_{1(k+1)}=10$，$P_{1(k+1)}=310$，$C_{1(k+1)}=210$			$V_{2(k+1)}=10$，$P_{2(k+1)}=310$，$C_{2(k+1)}=210$			$V_{3(k+1)}=10$，$P_{3(k+1)}=310$，$C_{3(k+1)}=210$		
转移概率矩阵	0.00	0.00	1.00	—	—	—	—	—	—
	—	—	—	1.00	0.00	0.00	—	—	—
	—	—	—	—	—	—	1.00	1.00	1.00

若 A、B 及 C 产品的需求变量分别服从均匀分布 $U(0,100)$、$U(0,150)$ 和 $U(0,250)$，则根据表 3.5 中的参数取值，并由命题 3.1 的结论，可得到风险偏好性和最优期望订购量之间关系的运动趋势，如图 3.4 所示。由于 MATLAB 中“Data Cursor”项所创建的坐标点的内生表示法为（X，Y），故图 3.4 中坐标点 X 和 Y 分别表示风险厌恶因子 η 及最优期望订购量 Q。

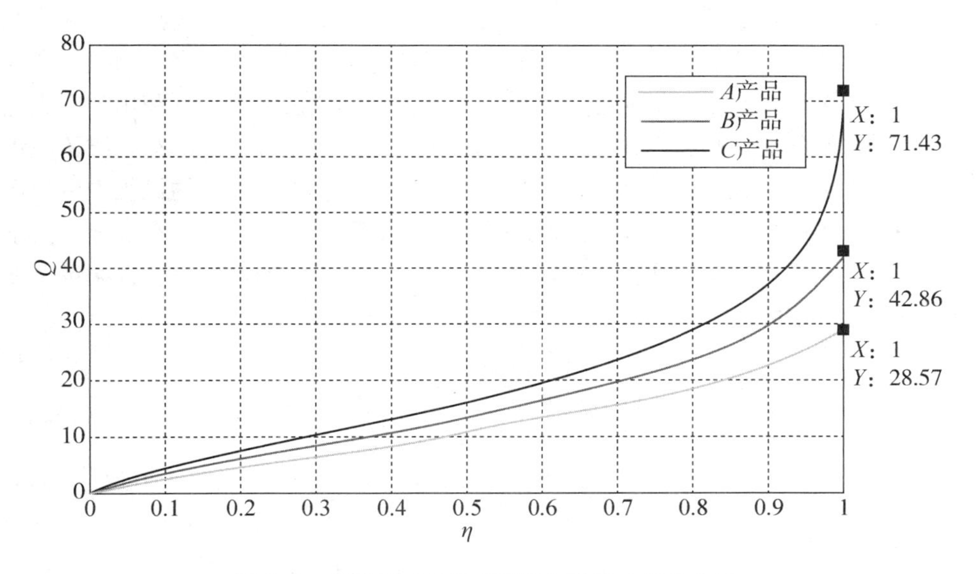

图 3.4　风险厌恶与最优期望订购量之间的关系

由风险厌恶和最优期望订购量之间的关系图示可知，库存系统的最优期望订购量关于风险厌恶因子 η 为单调递增函数，这说明决策者的风险厌恶程度和最优期望订购之间的关系具有负相关性，即在上述参数取值的条件下，库存决策者的风险厌恶程度越高，订购量就越少。由此可见，决策者的风险回避的态度决定了订购量的大小。同时，由该图示可知，当决策者持风险的态度为中性时，即当风险厌恶因子趋向于1时，A、B及C产品的最优期望订购量分别固定为28.57、42.86及71.43。然而，相对而言，C产品对参数η的敏感度最高，而A产品的敏感度最低。由此表明决策者对A产品的风险管控更为严厉，而对待C产品所采取的是松弛风险控制策略。由上述的假设条件知：A、B及C产品的需求变量分别服从均匀分布$U(0,100)$，$U(0,150)$和$U(0,250)$，若记X_n为产品n的需求变量，则这三种产品的期望需求分别为$E(X_1)=50$，$E(X_2)=75$及$E(X_3)=125$，易知$E(X_1)<E(X_2)<E(X_3)$。可见，决策者对库存系统所采取的下行风险控制策略跟产品的需求具有重要的关联性。

3.4 本章小结

由质量的不完备性所导致供应能力的不确定性是库存系统风险的重要来源之一，给库存系统优化与控制策略的研究带来一定的难度。一般情形下，经典的库存决策模型不考虑供应能力与产品的质量水平之间的关联性，更不考虑质量水平的随机波动性对决策机制的影响。本章在供应能力为质量水平依赖的假设条件下，利用马氏理论刻画产品质量水平的变化趋势，并结合条件风险价值准则建立多产品库存系统的决策模型。在质量水平随机波动的条件下，模型的相关结论表明库存系统的最优决策与质量水平的状态、供应能力、需求及风险厌恶等因素具有重要的关联性。在一定的需求区间内，当质量水平的波动性使得供应能力提高时，库存系统的最优期望订购量及期望利润具有上升的趋势。

第 4 章　多产品马氏质量过程下带融资能力约束的风险厌恶型随机库存模型

4.1 引　言

在前一章的研究内容中，主要在马氏质量过程下基于决策者的风险偏好，解决多产品库存优化与控制问题，并未考虑企业的融资能力对决策机制的影响。然而，由于当前我国许多制造企业面临着原料价格上升、人民币汇率波动以及用工成本增加的压力，这些因素直接导致企业资金使用成本的增加。可见，在原料采购中，资金的约束会影响采购人员的决策。因此，在采购中考虑资金约束是一个非常值得关注的话题。

国内外学者对融资能力约束的库存问题也做了一些研究。Jain 和 Singh[169] 在融资能力约束的条件下，综合考虑通货膨胀、随机交货期、截止日期等因素，构建由“供应商—零售商—终端客户”构成的多级库存优化模型。Aryanezhad 等[170] 在库存容量和融资能力约束的条件下构建多产品 EOQ 模型，并利用基因遗传算法求出模型的最优解。Yan 和 Wang[171] 考虑需求信息不断更新的情况，建立基于融资能力约束的报童模型，并分别在风险中立和风险厌恶的情形下给出库存的最优订购策略。张媛媛和李建斌[172] 考虑企业的融资能力约束及融资方式对企业的库存决策产生的影响，提出库存优化管理模型。谷水亮和鞠彦兵[173] 在资金和风险约束下构建多产品报童模型，并采用启发式算法给出库存系统的最优订购量。陈祥锋[174] 考虑以贸易信用合同方式解决零售商的融资能力约束问题，研究结果表明当零售商存在破产风险且承担有限责任时，贸易信用能有效激励零售商增加采购量，且零售商初始资金越少，其采购量越大。

鉴于在融资能力和质量随机波动的条件下，基于风险厌恶准则的多产品库存系统优化决策的研究尚未有人涉及，本章利用马氏理论和条件风险价值（CVaR）准则分别刻画产品质量水平的波动性和决策者的风险厌恶程度，进而在融资能力约束的条件下建立相应的优化与控制模型，并提出多产品库存系统的最优 Portfolio 策略（最优采购组合）决策机制。同时，利用首达性及 Phase-Type 分布等随机过程的理论分析库存系统的随机性，并给出相应的管理启示。

4.2 模型的构建

4.2.1 模型描述和符号说明

如同第3章一样，这里同样假设产品质量水平的随机过程满足马尔可夫性。因为产品的质量水平直接影响系统的供应能力，故可假设多产品库存系统的供应能力为依赖质量水平的。本章在上述假设成立的基础上，在融资能力和质量随机波动条件下利用条件风险测度理论（CVaR），给出由多产品构成的库存系统的最优采购组合。为了方便问题的阐述，首先做出以下符号说明，如表4.1所示。

表4.1 模型的符号说明

模型符号	定　义
$k=0,1,2,\cdots,K$	多产品库存系统的周期
$n=1,\cdots,N$	多产品库存系统的第n种产品
P_{nk}	第n种产品在第k周期的销售价格
C_{nk}	第n种产品在第k周期的进货价格
V_{nk}	第n种产品在第k周期的单位残值
C_k	多产品库存系统于第k周期融资能力的上限
$\boldsymbol{S}=\{1,2,\cdots,S\}$	产品质量的状态集，即根据产品的质量缺陷率的大小，将其划分为S个状态以描述产品质量水平的高低
$\{Z_{nk}=i,i\in\boldsymbol{S}\}$	第n种产品的马氏质量过程
$\boldsymbol{P}_n=(p_{ij}^{(n)})_{S\times S}$	第n种产品质量水平的转移概率矩阵，其中$p_{ij}^{(n)}$表示第n种产品的质量水平从状态i转移到j的概率
X_{nk}	第n种产品在第k周期的随机需求变量
$W_{nk}(i)$	第n种产品于第k周期当质量水平处于状态$Z_{nk}=i$时的供应能力
$f_{X_{nk}}(x_{nk}),F_{X_{nk}}(x_{nk})$	第n种产品在第k周期随机需求变量的概率密度和分布函数
$\varphi_{W_{nk}(i)}(w_{nk}),\Phi_{W_{nk}(i)}(w_{nk})$	在质量水平处于状态i下第n种产品于第k周期供应能力的概率密度和分布函数

4.2.2　马氏质量过程下带融资能力约束的多产品风险厌恶型库存模型

为了便于论述问题，这里同样假设各产品的质量水平按缺陷率的大小统一划分为 S 个状态，即每种产品的状态集 $\boldsymbol{S}=\{1,2,\cdots,S\}$。根据上文分析可知，由质量水平的波动所演变成的随机过程对库存系统的供应能力产生重要的影响，同时融资能力制约着决策者制定最优 Portfolio 策略的准则。因此，当对多种产品进行联合采购时，应当考虑质量水平的随机性以及融资能力的约束对库存系统最优订购策略的影响。记 $t_0=k$ 为库存系统的当前周期，$Q_{n(k+1)}$ 为第 n 种产品于第 $k+1$ 销售周期的订购量。第 n 种产品在第 $k+1$ 销售周期内的利润为：

$$\Omega_{n(k+1)}(Q_{n(k+1)})=(P_{n(k+1)}-C_{n(k+1)})Q_{n(k+1)}-(P_{n(k+1)}-V_{n(k+1)})(Q_{n(k+1)}-x_{n(k+1)})^{+}。\tag{4.1}$$

记 $W_{n(k+1)}(i^{(n)})$ 为第 n 种产品于第 $k+1$ 周期在质量水平 $Z_{n(k+1)}=i^{(n)}$ 下的供应能力。结合（4.1）式可知，当该产品的质量水平在第 k 周期由状态 $i_0^{(n)}$ 转移到状态 $i^{(n)}$ 时，其获取的相应的利润为：

$$\begin{aligned}&\Omega_{n(k+1)}(Q_{n(k+1)}(i^{(n)}\mid i_0^{(n)}))\\&=(P_{n(k+1)}-C_{n(k+1)})\min\{Q_{n(k+1)}(i^{(n)}\mid i_0^{(n)}),W_{n(k+1)}(i^{(n)})\}-(P_{n(k+1)}-V_{n(k+1)})\cdot\\&\quad(\min\{Q_{n(k+1)}(i^{(n)}\mid i_0^{(n)}),W_{n(k+1)}(i^{(n)})\}-x_{n(k+1)})^{+}。\end{aligned}\tag{4.2}$$

其中 $Q_{n(k+1)}(i^{(n)}\mid i_0^{(n)})$ 为当第 n 种产品的质量水平由状态 $i_0^{(n)}$ 转移到状态 $i^{(n)}$ 时的订购量。

记 $\boldsymbol{i}_0=(i_0^{(1)},i_0^{(2)},\cdots,i_0^{(N)})$ 为各产品质量水平的初始状态；$\boldsymbol{i}\mid\boldsymbol{i}_0=(i^{(1)}\mid i_0^{(1)},i^{(2)}\mid i_0^{(2)},\cdots,i^{(N)}\mid i_0^{(N)})$，其中 $i^{(n)}\mid i_0^{(n)}$ 表示多产品库存系统中的第 n 种产品的质量水平由初始状态 $i_0^{(n)}$ 转移到状态 $i^{(n)}$；$\boldsymbol{Q}_{k+1}(\boldsymbol{i}\mid\boldsymbol{i}_0)=(Q_{1(k+1)}(i^{(1)}\mid i_0^{(1)}),Q_{2(k+1)}(i^{(2)}\mid i_0^{(2)}),\cdots,Q_{N(k+1)}(i^{(N)}\mid i_0^{(N)}))$ 为当各产品的质量水平由初始状态 $\boldsymbol{i}_0$ 转移到 $\boldsymbol{i}$ 时的联合采购组合。于是，由（4.2）式可得多产品库存系统在融资能力 C_{k+1} 的约束条件下，各产品的质量水平由初始状态 i_0 转移到 i 时的总利润为：

$$\Omega_{k+1}(\boldsymbol{Q}_{k+1}(\boldsymbol{i}\mid\boldsymbol{i}_0))=\sum_{n=1}^{N}\Omega_{n(k+1)}(Q_{n(k+1)}(i^{(n)}\mid i_0^{(n)}))。\tag{4.3}$$

假设当质量水平由初始状态 i_0 转移到 i 时，库存管理者对不同产品具有不同的风险厌恶水平。于是，结合（4.2）和（4.3）式可得 CVaR 准则下带融资能力约束的多产品库存决策优化模型：

$$\begin{cases}\max\limits_{Q_{k+1}(i|i_0)}\{CVaR_{\eta_n}(\Omega_{k+1}(\boldsymbol{Q}_{k+1}(\boldsymbol{i}|\boldsymbol{i}_0))\} \\ \text{s.t.}\ \sum\limits_{n=1}^{N}Q_{n(k+1)}(i^{(n)}|i_0^{(n)})C_{n(k+1)}\leqslant C_{k+1}\end{cases} = \begin{cases}\max\limits_{Q_{k+1}(i|i_0)}\left\{\max\limits_{\varphi_{k+1}(i)\in\mathbf{R}^N}\{G(\Omega_{k+1}(\boldsymbol{Q}_{k+1}(\boldsymbol{i}|\boldsymbol{i}_0),\boldsymbol{\varphi}_{k+1}(\boldsymbol{i}))\}\right\} \\ \text{s.t.}\ \sum\limits_{n=1}^{N}Q_{n(k+1)}(i^{(n)}|i_0^{(n)})C_{n(k+1)}\leqslant C_{k+1}\end{cases}。 \tag{4.4}$$

式中：

$$G(\Omega_{k+1}(\boldsymbol{Q}_{k+1}(\boldsymbol{i}|\boldsymbol{i}_0),\boldsymbol{\varphi}_{k+1}(\boldsymbol{i}))) = \sum_{n=1}^{N}\left\{\varphi_{n(k+1)}(i^{(n)}) - \frac{1}{\boldsymbol{\eta}_n}E[\varphi_{n(k+1)}(i^{(n)}) - \Omega_{n(k+1)}(Q_{n(k+1)}(i^{(n)}|i_0^{(n)}))]^+\right\},$$

$$\boldsymbol{\varphi}_{k+1}(\boldsymbol{i}) = (\varphi_{1(k+1)}(i^{(1)}),\quad \varphi_{2(k+1)}(i^{(2)}),\cdots,\varphi_{N(k+1)}(i^{(N)}))。$$

模型中的风险厌恶因子 $\boldsymbol{\eta}_n\in(0,1]$ 反映了决策者的风险偏好的程度：$\boldsymbol{\eta}_n$ 的取值越小，风险厌恶程度就越高。当 $\boldsymbol{\eta}_n=1$ 时，模型（4.4）等价于风险中性模型。同时，该模型还充分体现了融资能力 C_{k+1} 对多产品库存系统的订购量的影响。

4.2.3 最优期望订购量和总期望报酬准则

记

$$\boldsymbol{Q}_{k+1}^*(\boldsymbol{i}|\ \boldsymbol{i}_0) = (Q_{1(k+1)}^*(i^{(1)}|i_0^{(1)}),Q_{2(k+1)}^*(i^{(2)}|i_0^{(2)}),\cdots,Q_{N(k+1)}^*(i^{(N)}|i_0^{(N)}))$$

表示模型（4.4）的最优解，因为各种产品的状态集为 $\boldsymbol{S}=\{1,2,\cdots,S\}$，其中包含了 S 个元素，所以随机变量 Z_{nk} 的所有可能取值共计为 S 个。因此，$Q_{n(k+1)}^*(i^{(n)}|i_0^{(n)})$ 只是当第 n 种产品的质量水平于第 k 周期从状态 $i_0^{(n)}$ 转移到状态 $i^{(n)}$ 时的最优条件订购量。以下主要研究在质量水平的随机波动下，给出带有融资能力约束的多产品库存系统的最优期望订购量及总期望报酬准则。

命题 4.1 设第 n 种产品的质量水平 $\{Z_{nk}=i,i\in\boldsymbol{S}\}$ 满足马氏性，该过程的转移概率矩阵为 $\boldsymbol{P}_n=(p_{ij}^{(n)})_{S\times S}$，$i,j\in\boldsymbol{S}$。记 $t_0=k$ 表示库存系统的当前周期，如果第 n 种产品的质量水平于第 k 周期内从状态 $i_0^{(n)}$ 转移到状态 $i^{(n)}$ 的概率为 $P(Z_{n(k+1)}=i^{(n)}|Z_{nk}=i_0^{(n)})=p_{i_0^{(n)}i^{(n)}}^{(n)}$，并且

$$\boldsymbol{Q}_{k+1}^*(\boldsymbol{i}|\boldsymbol{i}_0) = (Q_{1(k+1)}^*(i^{(1)}|i_0^{(1)}),Q_{2(k+1)}^*(i^{(2)}|i_0^{(2)}),\cdots,Q_{N(k+1)}^*(i^{(N)}|i_0^{(N)}))$$

为模型（4.4）的 Kuhn-Tucker 条件下的极大值点，则可得以下的结论：① $\boldsymbol{Q}_{k+1}^*(\boldsymbol{i}|\boldsymbol{i}_0)$ 为该模型的最优解；②第 n 种产品在质量水平处于初始状态 $i_0^{(n)}$ 下，该产品在第 $k+1$ 周期的最优期望订购量为：

$$\overline{Q}_{n(k+1)}^*(i^{(n)}|i_0^{(n)}) = \sum_{i^{(n)}\in\boldsymbol{S}}p_{i_0^{(n)}i^{(n)}}^{(n)}Q_{n(k+1)}^*(i^{(n)}|i_0^{(n)}),\qquad n=1,2,\cdots,N。\tag{4.5}$$

其中 $Q^*_{n(k+1)}(i^{(n)}|i_0^{(n)})$ 满足：

$$F_{X_{n(k+1)}}(Q^*_{n(k+1)}(i^{(n)}|i_0^{(n)}))=\frac{(P_{n(k+1)}-C_{n(k+1)})[\eta_n-\Phi_{W_{n(k+1)}(i^{(n)})}(Q^*_{n(k+1)}(i^{(n)}|i_0^{(n)}))]+\eta_n\lambda^*C_{n(k+1)}}{(P_{n(k+1)}-V_{n(k+1)})[1-\Phi_{W_{n(k+1)}(i^{(n)})}(Q^*_{n(k+1)}(i^{(n)}|i_0^{(n)}))]},$$

λ^* 表示模型（4.4）的 Kuhn-Tucker 条件的广义拉格朗日乘子。

证明： 记 $G_n(Q_{n(k+1)}(i^{(n)}|i_0^{(n)}),\varphi_{n(k+1)}(i^{(n)}))=\varphi_{n(k+1)}(i^{(n)})-\frac{1}{\eta_n}E[\varphi_{n(k+1)}(i^{(n)})-\Omega_{n(k+1)}(Q_{n(k+1)}(i^{(n)}|i_0^{(n)}))]^+$，故由（4.4）式易知：

$$\max_{\varphi_{k+1}(i)\in\mathbf{R}^N}\{G(\Omega_{k+1}(\boldsymbol{Q}_{k+1}(\boldsymbol{i}|\boldsymbol{i}_0),\boldsymbol{\varphi}_{k+1}(\boldsymbol{i}))\}=\sum_{n=1}^{N}\max_{\varphi_{n(k+1)}(i^{(n)})\in\mathbf{R}}\{G_n(Q_{n(k+1)}(i^{(n)}|i_0^{(n)}),\varphi_{n(k+1)}(i^{(n)}))\}。$$

当视 $Q_{n(k+1)}(i^{(n)}|i_0^{(n)})$ 为常数时，若 $\varphi^*_{n(k+1)}(i^{(n)})$ 为模型 $\max_{\varphi_{n(k+1)}(i^{(n)})\in\mathbf{R}}\{G_n(Q_{n(k+1)}(i^{(n)}|i_0^{(n)}),\varphi_{n(k+1)}(i^{(n)}))\}$ 的最优解，则由文献［167］附录 A 中的 A.1 及 A.2 式，可得：

$$\begin{aligned}&G(\Omega_{k+1}(\boldsymbol{Q}_{k+1}(\boldsymbol{i}|\boldsymbol{i}_0),\boldsymbol{\varphi}^*_{k+1}(\boldsymbol{i}))\\&=\sum_{n=1}^{N}G_n(Q_{n(k+1)}(i^{(n)}|i_0^{(n)}),\varphi^*_{n(k+1)}(i^{(n)}))\\&=\sum_{n=1}^{N}\Big\{(P_{n(k+1)}-V_{n(k+1)})Q_{n(k+1)}(i^{(n)}|i_0^{(n)})-\frac{1}{\eta_n}[D_1(Q_{n(k+1)}(i^{(n)}|i_0^{(n)}))+\\&\quad D_2(Q_{n(k+1)}(i^{(n)}|i_0^{(n)}))+D_3(Q_{n(k+1)}(i^{(n)}|i_0^{(n)}))]\Big\},\end{aligned}$$

式中：

$$\begin{aligned}D_1(Q_{n(k+1)}(i^{(n)}|i_0^{(n)}))=&\int_0^{Q_{n(k+1)}(i^{(n)}|i_0^{(n)})}\int_0^{w_{n(k+1)}}((P_{n(k+1)}-C_{n(k+1)})Q_{n(k+1)}(i^{(n)}|i_0^{(n)})\cdot\\&\mathrm{d}F_{X_{n(k+1)}}(x_{n(k+1)})\mathrm{d}\Phi_{W_{n(k+1)}(i^{(n)})}(w_{n(k+1)})-\\&\int_0^{Q_{n(k+1)}(i^{(n)}|i_0^{(n)})}\int_0^{w_{n(k+1)}}((V_{n(k+1)}-C_{n(k+1)})w_{n(k+1)}+(P_{n(k+1)}-\\&V_{n(k+1)})x_{n(k+1)})\mathrm{d}F_{X_{n(k+1)}}(x_{n(k+1)})\mathrm{d}\Phi_{W_{n(k+1)}(i^{(n)})}(w_{n(k+1)}),\end{aligned}$$

$$\begin{aligned}D_2(Q_{n(k+1)}(i^{(n)}|i_0^{(n)}))=&\int_0^{Q_{n(k+1)}(i^{(n)}|i_0^{(n)})}\int_{w_{n(k+1)}}^{+\infty}(P_{n(k+1)}-C_{n(k+1)})(Q_{n(k+1)}(i^{(n)}|i_0^{(n)})-\\&w_{n(k+1)})\mathrm{d}F_{X_{n(k+1)}}(x_{n(k+1)})\mathrm{d}\Phi_{W_{n(k+1)}(i^{(n)})}(w_{n(k+1)}),\end{aligned}$$

$$\begin{aligned}D_3(Q_{n(k+1)}(i^{(n)}|i_0^{(n)}))=&\int_{Q_{n(k+1)}(i^{(n)}|i_0^{(n)})}^{+\infty}\int_0^{Q_{n(k+1)}(i^{(n)}|i_0^{(n)})}(P_{n(k+1)}-V_{n(k+1)})(Q_{n(k+1)}(i^{(n)}|i_0^{(n)})-\\&x_{n(k+1)})\mathrm{d}F_{X_{n(k+1)}}(x_{n(k+1)})\mathrm{d}\Phi_{W_{n(k+1)}(i^{(n)})}(w_{n(k+1)})。\end{aligned}$$

因此，决策优化模型（4.4）变为：

$$\begin{cases}\max\limits_{Q_{k+1}(i|i_0)}\{CVaR_{\eta_n}(\Omega_{k+1}(\boldsymbol{Q}_{k+1}(\boldsymbol{i}|\boldsymbol{i}_0))\}\\ \text{s. t.}\sum\limits_{n=1}^{N}Q_{n(k+1)}(i^{(n)}|i_0^{(n)})C_{n(k+1)}\leqslant C_{k+1}\end{cases}=\begin{cases}\max\limits_{Q_{k+1}(i|i_0)}\{\max\limits_{\varphi_{k+1}(i)\in\mathbf{R}^N}\{G(\Omega_{k+1}(\boldsymbol{Q}_{k+1}(\boldsymbol{i}|\boldsymbol{i}_0),\boldsymbol{\varphi}_{k+1}(\boldsymbol{i}))\}\}\\ \text{s. t.}\sum\limits_{n=1}^{N}Q_{n(k+1)}(i^{(n)}|i_0^{(n)})C_{n(k+1)}\leqslant C_{k+1}\end{cases}$$

$$=\begin{cases}\max\limits_{Q_{k+1}(i|i_0)}\left\{\sum\limits_{n=1}^{N}\left\{(P_{n(k+1)}-V_{n(k+1)})Q_{n(k+1)}(i^{(n)}|i_0^{(n)})-\right.\right.\\ \left.\left.\dfrac{1}{\eta_n}\left[\begin{matrix}D_1(Q_{n(k+1)}(i^{(n)}|i_0^{(n)}))+D_2(Q_{n(k+1)}\\(i^{(n)}|i_0^{(n)}))+D_3(Q_{n(k+1)}(i^{(n)}|i_0^{(n)}))\end{matrix}\right]\right\}\right\}\\ \text{s. t.}\sum\limits_{n=1}^{N}Q_{n(k+1)}(i^{(n)}|i_0^{(n)})C_{n(k+1)}\leqslant C_{k+1}\end{cases}。$$

由约束集 $\boldsymbol{X}=\left\{\boldsymbol{Q}_{k+1}\in\mathbf{R}^N\,\middle|\,\sum\limits_{n=1}^{N}Q_{n(k+1)}(i^{(n)}|i_0^{(n)})C_{n(k+1)}\leqslant C_{k+1}\right\}$，易知 X 为凸集。对于 $\forall\boldsymbol{Q}_{k+1}\in\boldsymbol{X}$，记 $\boldsymbol{C}=(c_{nm})_{N\times N}$，其中

$$c_{nm}=\frac{\partial^2G(\Omega_{k+1}(\boldsymbol{Q}_{k+1}(\boldsymbol{i}|\boldsymbol{i}_0),\boldsymbol{\varphi}_{k+1}^*(\boldsymbol{i}))}{\partial Q_{n(k+1)}(i^{(n)}|i_0^{(n)})\partial Q_{m(k+1)}(i^{(m)}|i_0^{(m)})},\qquad n,m=1,2,\cdots,N。$$

因此，当 $n\neq m$ 时，有 $c_{nm}=0$；当 $n=m$ 时，有：

$$\begin{aligned}c_{nn}=&-\frac{1}{\eta_n}\{(P_{n(k+1)}-C_{n(k+1)})\Phi(Q_{n(k+1)}(i^{(n)}|i_0^{(n)}))+(P_{n(k+1)}-V_{n(k+1)})\cdot\\&[f_{X_{n(k+1)}}(Q_{n(k+1)}(i^{(n)}|i_0^{(n)}))(1-\Phi(Q_{n(k+1)}(i^{(n)}|i_0^{(n)}))+F_{X_{n(k+1)}}(Q_{n(k+1)}(i^{(n)}|i_0^{(n)}))\cdot\\&\varphi_{X_{n(k+1)}}(Q_{n(k+1)}(i^{(n)}|i_0^{(n)}))]\}。\end{aligned}$$

记 C_n 为 C 的 n 阶主子式，即 $C_n=\begin{vmatrix}c_{11}&\cdots&c_{1n}\\\vdots&\cdots&\vdots\\c_{n1}&\cdots&c_{nn}\end{vmatrix}$，$n=1,2,\cdots,N$。显然，由销售价 $P_{n(k+1)}$、进价 $C_{n(k+1)}$ 及残值 $V_{n(k+1)}$ 的实际意义，易知 $P_{n(k+1)}>C_{n(k+1)}>V_{n(k+1)}$，故 $c_{nn}>0$。因此，$(-1)^nC_n>0$。由此，可知 B 为负定的矩阵，故 $-G(\Omega_{k+1}(\boldsymbol{Q}_{k+1}(\boldsymbol{i}|\boldsymbol{i}_0),\varphi_{k+1}^*(i))$ 为凸函数，因此由库存决策模型（4.4）所确定的数学规划（Mathematical Programming，MP）为凸规划。又因为在 MP 为凸规划的条件下，满足 Kuhn-Tucker 条件的极大值点为 MP 最优解的充要条件，所以

$$\boldsymbol{Q}_{k+1}^*(\boldsymbol{i}|\boldsymbol{i}_0)=(Q_{1(k+1)}^*(i^{(1)}|i_0^{(1)}),Q_{2(k+1)}^*(i^{(2)}|i_0^{(2)}),\cdots,Q_{N(k+1)}^*(i^{(N)}|i_0^{(N)}))$$

为模型（4.4）的最优解。

再由上述 MP 的 Kuhn-Tucker 条件，即

$$\begin{cases}\nabla G(\Omega_{k+1}(\boldsymbol{Q}_{k+1}(\boldsymbol{i}|\boldsymbol{i}_0),\boldsymbol{\varphi}_{k+1}^*(\boldsymbol{i}))-\lambda^*\nabla(\sum_{n=1}^{N}Q_{n(k+1)}(i^{(n)}|i_0^{(n)})C_{n(k+1)}-C_{k+1})=0\\ \lambda^*(\sum_{n=1}^{N}Q_{n(k+1)}(i^{(n)}|i_0^{(n)})C_{n(k+1)}-C_{k+1})=0,\lambda^*\geqslant 0\end{cases}。$$

解之，得：

$$F_{X_{n(k+1)}}(Q_{n(k+1)}^*(i^{(n)}|i_0^{(n)}))=\frac{(P_{n(k+1)}-C_{n(k+1)})[\eta_n-\Phi_{W_{n(k+1)}(i^{(n)})}(Q_{n(k+1)}^*(i^{(n)}|i_0^{(n)}))]+\eta_n\lambda^*C_{n(k+1)}}{(P_{n(k+1)}-V_{n(k+1)})[1-\Phi_{W_{n(k+1)}(i^{(n)})}(Q_{n(k+1)}^*(i^{(n)}|i_0^{(n)}))]},$$

$$n=1,2,\cdots,N。$$

又因为该产品的质量水平在第 k 周期内从状态 $i_0^{(n)}$ 转移到状态 $i^{(n)}$ 的概率为 $P(Z_{n(k+1)}=i^{(n)}|Z_{nk}=i_0^{(n)})=p_{i_0^{(n)}i^{(n)}}^{(n)}$，因此，当状态 $i^{(n)}$ 取遍集合 S 中元素的所有赋值时，可得该产品在初始的质量水平处于 $i_0^{(n)}$ 的条件下，在第 $k+1$ 周期的最优期望订购量为：

$$\overline{Q}_{n(k+1)}^*(i^{(n)}|i_0^{(n)})=\sum_{i^{(n)}\in S}p_{i_0^{(n)}i^{(n)}}^{(n)}Q_{n(k+1)}^*(i^{(n)}|i_0^{(n)}),\qquad n=1,2,\cdots,N。$$

证毕。

由模型的假设条件知，当处于质量水平 $Z_{nk}=i$ 时，第 n 种产品在第 k 周期的供应能力的概率密度及分布函数分别为 $\varphi_{W_{nk}(i)}(w_{nk})$ 和 $\Phi_{W_{nk}(i)}(w_{nk})$。结合马氏模型的基本性质，可得以下的结论：

命题 4.2　设第 n 种产品的质量水平 $\{Z_{nk}=i,i\in\boldsymbol{S}\}$ 满足马氏性，该产品的转移概率矩阵为 $\boldsymbol{P}_n=(p_{ij}^{(n)})_{S\times S}$，$i,j\in\boldsymbol{S}$。记

$$\overline{\boldsymbol{Q}}_{n(k+1)}^*(i^{(n)}|i_0^{(n)})=(Q_{n(k+1)}^*(i^{(n)}|i_0^{(n)}),i^{(n)}\in\boldsymbol{S})^T。$$

若产品的质量水平在第 k 周期的状态为 $i_0^{(n)}$，则在随机质量波动和融资能力的约束下，零售商在第 $k+1$ 周期获得的最优期望销售利润为：

$$E[\Omega_{n(k+1)}(\overline{\boldsymbol{Q}}_{n(k+1)}^*(i^{(n)}|i_0^{(n)}))]=\sum_{i^{(n)}\in S}p_{i_0^{(n)}i^{(n)}}^{(n)}E[\Omega_{n(k+1)}(Q_{n(k+1)}^*(i^{(n)}|i_0^{(n)})]。\tag{4.6}$$

式中：

$$E[\Omega_{n(k+1)}(Q_{n(k+1)}^*(i^{(n)}|i_0^{(n)})]$$

$$=(P_{n(k+1)}-C_{n(k+1)})\Big[\int_0^{Q_{n(k+1)}^*(i^{(n)}|i_0^{(n)})}w_{n(k+1)}\cdot$$

$$\mathrm{d}\Phi_{W_{n(k+1)}(i^{(n)})}(w_{n(k+1)})+(1-\Phi_{W_{n(k+1)}(i^{(n)})}(Q_{n(k+1)}^*(i^{(n)}|i_0^{(n)}))Q_{n(k+1)}^*(i^{(n)}|i_0^{(n)})\Big]-$$

$$(P_{n(k+1)}-V_{n(k+1)})\Big[\int_0^{Q_{n(k+1)}^*(i^{(n)}|i_0^{(n)})}\int_0^{w_{n(k+1)}}(w_{n(k+1)}-x_{n(k+1)})\mathrm{d}F_{X_{n(k+1)}}(x_{n(k+1)})\cdot$$

$$\mathrm{d}\Phi_{W_{n(k+1)}(i^{(n)})}(w_{n(k+1)})+(1-\Phi_{W_{n(k+1)}(i^{(n)})}(Q^*_{n(k+1)}(i^{(n)}|i_0^{(n)}))\cdot$$

$$\int_0^{Q^*_{n(k+1)}(i^{(n)}|i_0^{(n)})}(Q^*_{n(k+1)}(i^{(n)}|i_0^{(n)})-x_{n(k+1)})\mathrm{d}F_{X_{n(k+1)}}(x_{n(k+1)})\Big],$$

而 $Q^*_{n(k+1)}(i^{(n)}|i_0^{(n)})$ 满足:

$$F_{X_{n(k+1)}}(Q^*_{n(k+1)}(i^{(n)}|i_0^{(n)}))=\frac{(P_{n(k+1)}-C_{n(k+1)})[\eta_n-\Phi_{W_{n(k+1)}(i)}(Q^*_{n(k+1)}(i^{(n)}|i_0^{(n)}))]+\eta_n\lambda^*C_{n(k+1)}}{(P_{n(k+1)}-V_{n(k+1)})[1-\Phi_{W_{n(k+1)}(i)}(Q^*_{n(k+1)}(i^{(n)}|i_0^{(n)}))]}。$$

证明：由命题4.1的结论知，当第 n 种产品的质量水平于第 k 周期由状态 $i_0^{(n)}$ 转移到状态 $i^{(n)}$ 时，其最优订购量 $Q^*_{n(k+1)}(i^{(n)}|i_0^{(n)})$ 满足:

$$F_{X_{n(k+1)}}(Q^*_{n(k+1)}(i^{(n)}|i_0^{(n)}))=\frac{(P_{n(k+1)}-C_{n(k+1)})[\eta_n-\Phi_{W_{n(k+1)}(i)}(Q^*_{n(k+1)}(i^{(n)}|i_0^{(n)}))]+\eta_n\lambda^*C_{n(k+1)}}{(P_{n(k+1)}-V_{n(k+1)})[1-\Phi_{W_{n(k+1)}(i)}(Q^*_{n(k+1)}(i^{(n)}|i_0^{(n)}))]}。$$

今将 $Q^*_{n(k+1)}(i^{(n)}|i_0^{(n)})$ 代入（4.3）式，并求其数学期望，即可得:

$$E[\Omega_{n(k+1)}(Q^*_{n(k+1)}(i^{(n)}|i_0^{(n)})]$$

$$=(P_{n(k+1)}-C_{n(k+1)})\Big[\int_0^{Q^*_{n(k+1)}(i^{(n)}|i_0^{(n)})}w_{n(k+1)}\cdot$$

$$\mathrm{d}\Phi_{W_{n(k+1)}(i^{(n)})}(w_{n(k+1)})+(1-\Phi_{W_{n(k+1)}(i^{(n)})}(Q^*_{n(k+1)}(i^{(n)}|i_0^{(n)}))Q^*_{n(k+1)}(i^{(n)}|i_0^{(n)})\Big]-$$

$$(P_{n(k+1)}-V_{n(k+1)})\Big[\int_0^{Q^*_{n(k+1)}(i^{(n)}|i_0^{(n)})}\int_0^{w_{n(k+1)}}(w_{n(k+1)}-x_{n(k+1)})\mathrm{d}F_{X_{n(k+1)}}(x_{n(k+1)})\cdot$$

$$\mathrm{d}\Phi_{W_{n(k+1)}(i^{(n)})}(w_{n(k+1)})+(1-\Phi_{W_{n(k+1)}(i^{(n)})}(Q^*_{n(k+1)}(i^{(n)}|i_0^{(n)}))\cdot$$

$$\int_0^{Q^*_{n(k+1)}(i^{(n)}|i_0^{(n)})}(Q^*_{n(k+1)}(i^{(n)}|i_0^{(n)})-x_{n(k+1)})\mathrm{d}F_{X_{n(k+1)}}(x_{n(k+1)})\Big]。$$

因为 $Q^*_{n(k+1)}(i^{(n)}|i_0^{(n)})$ 为当第 n 种产品的质量水平从状态 $i_0^{(n)}$ 转移到状态 $i^{(n)}$ 时的最优订购量，所以 $E[\Omega_{n(k+1)}(Q^*_{n(k+1)}(i^{(n)}|i_0^{(n)})]$ 仅表示当产品的质量水平处于某个状态 $i^{(n)}$ 时库存系统所获得的最优条件期望利润。

又因为第 n 种产品的质量水平在第 k 周期从状态 $i_0^{(n)}$ 转移到状态 $i^{(n)}$ 的概率为 $P(Z_{n(k+1)}=i^{(n)}|Z_{nk}=i_0^{(n)})=p^{(n)}_{i_0^{(n)}i^{(n)}}$，故零售商在下个周期获得最优期望销售利润等于 $E[\Omega_{n(k+1)}(Q^*_{n(k+1)}(i^{(n)}|i_0^{(n)})]$ 的概率为 $p^{(n)}_{i_0^{(n)}i^{(n)}}$。因此，第 n 种产品在质量水平随机波动以及融资能力约束下于第 $k+1$ 周期所获得的最优期望销售利润为:

$$E[\Omega_{n(k+1)}(\overline{\boldsymbol{Q}}^*_{n(k+1)}(i^{(n)}|i_0^{(n)}))]=\sum_{i^{(n)}\in S}p^{(n)}_{i_0^{(n)}i^{(n)}}E[\Omega_{n(k+1)}(Q^*_{n(k+1)}(i^{(n)}|i_0^{(n)})]。$$

证毕。

记 $\boldsymbol{i}_0=(i_0^{(1)},i_0^{(2)},\cdots,i_0^{(N)})$ 表示各产品质量水平的初始状态，向量 $\overline{\boldsymbol{Q}}^*_{k+1}(\boldsymbol{i}|\boldsymbol{i}_0)$ 表示当质量水平处于 $\boldsymbol{i}_0$ 时多产品库存系统的最优 Portfolio 策略，于是，由（4.6）式可获

得多产品库存系统在质量波动下于第 $k+1$ 周期的最优总期望报酬准则：

$$E[\Omega_{k+1}(\overline{\boldsymbol{Q}}_{k+1}^{*}(\boldsymbol{i}|\boldsymbol{i}_0))] = \sum_{n=1}^{N}\sum_{i^{(n)}\in S} p_{i_0^{(n)}i^{(n)}}^{(n)} E[\Omega_{n(k+1)}(Q_{n(k+1)}^{*}(i^{(n)}|i_0^{(n)}))]。\quad (4.7)$$

命题 4.1 和 4.2 的结论充分体现了风险厌恶、融资能力、质量水平的波动性以及需求的随机性等基本要素对库存系统的决策机制的影响，并在模型的基础框架上纳入马氏质量过程，以描述多产品库存系统的内在运动的统计规律性，进而揭示了期望销售利润的变化趋势。

4.2.4　库存系统的随机性分析

如何构建随机库存系统的评估体系是风险库存控制理论中的核心问题之一，接下来主要运用马氏模型中的首达性和 PH 分布等理论分析库存系统的随机性问题。

命题 4.3　记 $f_{ij}^{(n)}(m)$ 为第 n 种产品的质量水平从状态 i 出发历经 m 个周期后首次到达 j 的概率，$E_{首达}[\Omega_{n(k+m)}(Q_{n(k+m)}^{*}(j|i))]$ 为其相应的最优期望利润。若其一步转移概率矩阵为 $\boldsymbol{P}_n=(p_{ij}^{(n)})_{S\times S}$，$i, j\in \boldsymbol{S}$，则当该产品的质量水平从状态 i 出发首次到达状态 j 时平均每个周期获取的最优期望利润为：

$$\overline{\Omega}_{首达}(Z_{n(k+m)}=j|Z_{nk}=i) = \frac{\sum_{m=1}^{+\infty} E_{首达}[\Omega_{n(k+m)}(Q_{n(k+m)}^{*}(j|i))]}{\sum_{m=1}^{+\infty} m f_{ij}^{(n)}(m)}。\quad (4.8)$$

式中：

$$E_{首达}[\Omega_{n(k+m)}(Q_{n(k+m)}^{*}(j|i))] = \sum_{i_1\neq j}\sum_{i_2\neq j}\cdots\sum_{i_{m-1}\neq j} p_{ii_1}^{(n)}p_{i_1i_2}^{(n)}\cdots p_{i_{m-1}j}^{(n)}\cdot E[\Omega_{n(k+1)}(Q_{n(k+1)}^{*}(j|i_{m-1}))]。$$

证明：记 $p_{ij}^{(n)}(m)$ 为第 n 种产品质量水平的 m 步转移概率，由 Chapman-Kolmogorov 方程[192]可知，对于任意 m 步转移概率矩阵，可将其分解为 $\boldsymbol{P}_n(m)=\boldsymbol{P}_n(m-1)\cdot\boldsymbol{P}_n(1)$。由此，可得当第 n 产品的质量水平从状态 i 出发历经 m 步后首次到达状态 j 时的概率：

$$\begin{aligned}
f_{ij}^{(n)}(m) &= P((Z_{n(k+m)}=j, Z_{n(k+t)}=i_t\neq j, t=1,2,\cdots,m-1)|Z_{nk}=i)\\
&= P(\cup_{i_{m-1}}(Z_{n(k+m)}=j, Z_{n(k+m-1)}=i_{m-1}, Z_{n(k+m-2)}=i_{m-2},\cdots,Z_{n(k+1)}=i_1)|Z_{nk}=i)\\
&= \sum_{i_{m-1}\neq j} p_{ii_{m-1}}^{(n)}(m-1)p_{i_{m-1}j}^{(n)}\\
&= \sum_{i_1\neq j}\sum_{i_2\neq j}\cdots\sum_{i_{m-1}\neq j} p_{ii_1}^{(n)}p_{i_1i_2}^{(n)}\cdots p_{i_{m-1}j}^{(n)}。
\end{aligned}$$

因为$E_{首达}[\Omega_{n(k+m)}(Q^*_{n(k+m)}(j|i))]$为当第$n$种产品的质量水平于第$k$周期由状态$i$出发历经$m$个周期后首次到达状态$j$时的最优期望利润，即

$$E_{首达}[\Omega_{n(k+m)}(Q^*_{n(k+m)}(j|i))] = E_{首达}[\Omega_{n(k+m)}(Q^*_{n(k+m)}(Z_{n(k+m)} = j|Z_{nk} = i))],$$

所以

$$\begin{aligned} & E_{首达}[\Omega_{n(k+m)}(Q^*_{n(k+m)}(j|i))] \\ & = \sum_{i_{m-1}\neq j} p^{(n)}_{ii_{m-1}}(m-1)p^{(n)}_{i_{m-1}j}E[\Omega_{n(k+1)}(Q^*_{n(k+1)}(Z_{n(k+1)} = j|Z_{nk} = i_{m-1}))] \\ & = \sum_{i_1\neq j}\sum_{i_2\neq j}\cdots\sum_{i_{m-1}\neq j} p^{(n)}_{ii_1}p^{(n)}_{i_1i_2}\cdots p^{(n)}_{i_{m-1}j}E[\Omega_{n(k+1)}(Q^*_{n(k+1)}(j|i_{m-1}))]。\end{aligned}$$

再由$f^{(n)}_{ij}(m)$的定义，可知该产品的质量水平从状态i出发首次到达状态j的平均时间为$\sum_{m=1}^{+\infty} mf^{(n)}_{ij}(m)$。因此，当该产品的质量水平从状态$i$出发首次到达状态$j$时平均每个周期获取的最优期望利润为：

$$\overline{\Omega}_{首达}(Z_{n(k+m)} = j|Z_{nk} = i) = \frac{\sum_{m=1}^{+\infty} E_{首达}[\Omega_{n(k+m)}(Q^*_{n(k+m)}(j|i))]}{\sum_{m=1}^{+\infty} mf^{(n)}_{ij}(m)}。$$

证毕。

命题4.3的结论揭示了一个重要的管理启示，就是决策者通过$\overline{\Omega}_{首达}(Z_{n(k+m)} = j|Z_{nk} = i)$的数值结果可以获得库存系统平均每周期能够获取的预期销售利润目标的信息。记$\mu^{(n)}_{ij} = \sum_{m=1}^{+\infty} mf^{(n)}_{ij}(m)$，显然$\overline{\Omega}_{首达}(Z_{n(k+m)} = j|Z_{nk} = i)$关于$\mu^{(n)}_{ij}$为单调递减的函数。由此可知，库存首次到达该质量状态的平均时间（称为首达时间）越长，库存系统首次获得预期的利润额度就越低。同时，该命题具有重要的理论意义，即将m步的最优期望利润的求解过程整合成一步来计算，实现了多周期与单周期模型的相互转换计算过程。

命题4.4 设$\{Z_{nk},\ \ k \geqslant 0\}$为第$n$产品的随机质量水平，其一步转移概率矩阵为$\boldsymbol{P}_n = \begin{pmatrix} \boldsymbol{P}_{1n} & \boldsymbol{P}_{0n} \\ 0 & 1 \end{pmatrix}$，其中$\boldsymbol{P}_{1n}$为瞬时状态集的一步转移概率，$\boldsymbol{P}_{0n} = (\boldsymbol{I} - \boldsymbol{P}_{1n})\boldsymbol{e}$，$\boldsymbol{e} = (1,1,\cdots,1)^T$，$\boldsymbol{I}$为单位矩阵；状态的初始分布概率为$\boldsymbol{\pi}(0) = (\alpha_0,\boldsymbol{\alpha})$，其中$\alpha_0$为吸收状态的初始概率值，向量$\boldsymbol{\alpha} = (\alpha_1,\alpha_2,\cdots,\alpha_L)$为瞬时状态的初始概率值。记该随机过程的吸收状态为$i_{吸收}$，若当库存系统的质量水平从瞬时状态集出发历经$m$个周期后到达吸收状态$i_{吸收}$时，其相应的最优期望利润为$E[\Omega_{n(k+m)}(Q^*_{n(k+m)}(i_{吸收}))]$，则第$n$产品的质量水平由瞬时状态集首次到达稳定吸收状态集时所获取的平均最优期望利润为：

$$\overline{\Omega}_{首达}(Z_{n(k+m)}=i_{吸收})=\frac{\sum_{m=1}^{+\infty}\boldsymbol{\alpha}\boldsymbol{P}_{1n}^{m-1}(\boldsymbol{I}-\boldsymbol{P}_{1n})\boldsymbol{e}E[\Omega_{n(k+m)}(Q_{n(k+m)}^{*}(i_{吸收}))]}{\boldsymbol{\alpha}(\boldsymbol{I}-\boldsymbol{P}_{1n})^{-1}\boldsymbol{e}},\quad(4.9)$$

其中 $E[\Omega_{n(k+m)}(Q_{n(k+m)}^{*}(i_{吸收}))]=\sum_{l=0}^{L}\alpha_{l}E[\Omega_{n(k+m)}(Q_{n(k+m)}^{*}(i_{吸收}|i_{l}))]$。

证明：因为 $\{Z_{nk},k\geqslant 0\}$ 的一步转移概率矩阵为 $\boldsymbol{P}_{n}=\begin{pmatrix}\boldsymbol{P}_{1n} & \boldsymbol{P}_{0n}\\ 0 & 1\end{pmatrix}$，所以由 PH 分布的定义可知，其相应的分布列为 $P(\tau=m)=\boldsymbol{\alpha}\boldsymbol{P}_{1}^{m-1}(\boldsymbol{I}-\boldsymbol{P}_{1})\boldsymbol{e}$。当库存系统的质量水平从瞬时状态出发历经 m 个周期后到达吸收状态 $i_{吸收}$ 时，其相应的最优期望利润为 $E[\Omega_{n(k+m)}(Q_{n(k+m)}^{*}(i_{吸收}))]$，故第 n 产品的质量水平由瞬时状态集首次到达吸收状态集时的最优期望利润为 $\sum_{m=1}^{+\infty}\boldsymbol{\alpha}\boldsymbol{P}_{1n}^{m-1}(\boldsymbol{I}-\boldsymbol{P}_{1n})\boldsymbol{e}E[\Omega_{n(k+m)}(Q_{n(k+m)}^{*}(i_{吸收}))]$。

又因为 $\boldsymbol{\pi}(0)=(\alpha_{0},\boldsymbol{\alpha})$ 为质量水平的初始概率分布，所以当其初始状态处于 $i_{l}(l=0,1,\cdots,L)$ 时的概率为 α_{l}，也就是系统可能从初始状态 i_{l} 出发的概率值。因此，可得：

$$E[\Omega_{n(k+m)}(Q_{n(k+m)}^{*}(i_{吸收}))]=\sum_{l=0}^{L}\alpha_{l}E[\Omega_{n(k+m)}(Q_{n(k+m)}^{*}(i_{吸收}|i_{l}))]。$$

记 $G(x)$ 为序列 $\{P(\tau=m),m\geqslant 0\}$ 的母函数，即

$$G(x)=\sum_{m=0}^{\infty}P(\tau=m)x^{m}=\sum_{m=0}^{\infty}\boldsymbol{\alpha}\boldsymbol{P}_{1n}^{m-1}(\boldsymbol{I}-\boldsymbol{P}_{1n})\boldsymbol{e}x^{m}。$$

因为 $\boldsymbol{P}_{1n}$ 为瞬时概率矩阵，所以 $\lim_{m\to\infty}\boldsymbol{P}_{1n}^{m}=0$，故由矩阵论，易知：$(\boldsymbol{I}-\boldsymbol{P}_{1n})^{-1}=\sum_{m=0}^{\infty}\boldsymbol{P}_{1n}^{m}$，故可得：

$$G(x)=\alpha_{0}+x\boldsymbol{\alpha}(\boldsymbol{I}-x\boldsymbol{P}_{1n})^{-1}(\boldsymbol{I}-\boldsymbol{P}_{1n})\boldsymbol{e}。$$

记 $\boldsymbol{D}(x)=(\boldsymbol{I}-x\boldsymbol{P}_{1n})^{-1}$，则 $\boldsymbol{D}(x)(\boldsymbol{I}-x\boldsymbol{P}_{1n})=\boldsymbol{I}$。于是，对其两边求关于 x 的导数，可得：$\boldsymbol{D}'(x)(\boldsymbol{I}-x\boldsymbol{P}_{1n})-\boldsymbol{D}(x)\boldsymbol{P}_{1n}=0$，即

$$\boldsymbol{D}'(x)=\boldsymbol{D}(x)\boldsymbol{P}_{1n}(\boldsymbol{I}-x\boldsymbol{P}_{1n})^{-1}=(\boldsymbol{I}-x\boldsymbol{P}_{1n})^{-1}\boldsymbol{P}_{1n}(\boldsymbol{I}-x\boldsymbol{P}_{1n})^{-1}。$$

因此，可得母函数的导数：

$$G'(x)=\boldsymbol{\alpha}(\boldsymbol{I}-x\boldsymbol{P}_{1n})^{-1}[(\boldsymbol{I}+x\boldsymbol{P}_{1n}(\boldsymbol{I}-x\boldsymbol{P}_{1n})^{-1}](\boldsymbol{I}-\boldsymbol{P}_{1n})\boldsymbol{e}。$$

显然，当 $x=1$ 时，有 $E(\tau)=G'(1)$。因此，随机质量水平 $\{Z_{nk},k\geqslant 0\}$ 的 PH 分布的期望 $E(\tau)=\boldsymbol{\alpha}(\boldsymbol{I}-\boldsymbol{P}_{1n})^{-1}\boldsymbol{e}$，也就是库存系统由瞬时状态集到吸收状态集的首达时间的均值，故其相应的平均最优期望利润为：

$$\overline{\Omega}_{首达}(Z_{n(k+m)}=i_{吸收})=\frac{\sum_{m=1}^{+\infty}\boldsymbol{\alpha}\boldsymbol{P}_{1n}^{m-1}(\boldsymbol{I}-\boldsymbol{P}_{1n})\boldsymbol{e}E[\Omega_{n(k+m)}(Q_{n(k+m)}^{*}(i_{吸收}))]}{\boldsymbol{\alpha}(\boldsymbol{I}-\boldsymbol{P}_{1n})^{-1}\boldsymbol{e}}。$$

证毕。

一般情况下，某个状态被吸收意味着系统由随机状态进入相对固定的运行模式。可见，利用系统从瞬时状态集到吸收态集的首达时间的概率分布，可以深入了解其内部运行的规律性。因此，PH 分布在系统的可靠性分析中具有特殊的意义。在已知最优期望利润的情况下，命题 4.4 主要基于首达时间的均值的视角，利用 PH 分布的特征数解决库存系统的平均收益问题，其结论表明，当特征数 $E(\tau)=\boldsymbol{\alpha}(\boldsymbol{I}-\boldsymbol{P}_{1n})^{-1}\boldsymbol{e}$ 的取值越大时，库存系统能够取得相应的平均最优期望利润 $\overline{\Omega}_{首达}(Z_{n(k+m)}=i_{吸收})$ 就越小。在此情形下，根据本章的决策环境（供应能力与质量水平相关），若将 $i_{吸收}$ 视为当库存系统的供应能力为最小时其所处于的状态，那么，库存系统在没有到达吸收态之前，将长时间地保持在相对较为良好的状态下运行；否则反之。事实上，这是因为最优订购策略受库存系统的供应能力的影响，所以当产品所处于的质量水平与之所对应的供应能力为最小时，其对最优订购策略的约束力最大。显然，决策者所希望的是供应能力对最优订购策略的约束力越小越好。因此，$E(\tau)$ 的取值越大，意味着库存系统到达吸收态的平均时间就越长，即系统保持在较高的供应能力下运行的时间也就越长。

4.3 数值算例分析

为了简化模型的计算过程，本算例仅考虑由 A、B 和 C 三种产品所构成的多产品库存系统，并作如下的模型假设：①根据产品质量的缺陷率，将各产品的质量水平统一划分为四个状态，即状态集 $\boldsymbol{S}=\{1,2,3,4\}$；②库存系统的初始周期为 $t_0=k$；③A、B 和 C 产品的需求量的概率密度分别为：

$$f_{X_{1(k+1)}}(x_{1(k+1)})=\begin{cases}1/200 & x_{1(k+1)}\in[0,200]\\0 & 其他\end{cases},$$

$$f_{X_{2(k+1)}}(x_{2(k+1)})=\begin{cases}1/260 & x_{2(k+1)}\in[0,250]\\0 & 其他\end{cases},$$

$$f_{X_{3(k+1)}}(x_{3(k+1)})=\begin{cases}1/300 & x_{3(k+1)}\in[0,300]\\0 & 其他\end{cases};$$

④由于库存系统的供应能力依赖于质量水平的高低，这里假设在不同的质量水平下，随机供应能力的概率密度如表 4.2 所示，其中伽玛函数 $\Gamma(\alpha)=\int_0^{+\infty}x^{\alpha-1}\mathrm{e}^{-x}\mathrm{d}x$。

表 4.2　不同的质量水平下供应能力的概率密度

状态	A 产品	B 产品	C 产品
1	$\varphi(w_{1(k+1)}) = \begin{cases} \frac{0.04^2 w_{1(k+1)}}{\Gamma(2)e^{0.04w_{1(k+1)}}} & w_{1(k+1)} \geqslant 0 \\ 0 & w_{1(k+1)} < 0 \end{cases}$	$\varphi(w_{2(k+1)}) = \begin{cases} \frac{0.06^2 w_{2(k+1)}}{\Gamma(2)e^{0.06w_{2(k+1)}}} & w_{2(k+1)} \geqslant 0 \\ 0 & w_{2(k+1)} < 0 \end{cases}$	$\varphi(w_{3(k+1)}) = \begin{cases} \frac{0.08^2 w_{3(k+1)}}{\Gamma(2)e^{0.08w_{3(k+1)}}} & w_{3(k+1)} \geqslant 0 \\ 0 & w_{3(k+1)} < 0 \end{cases}$
2	$\varphi(w_{1(k+1)}) = \begin{cases} \frac{0.03^2 w_{1(k+1)}}{\Gamma(2)e^{0.03w_{1(k+1)}}} & w_{1(k+1)} \geqslant 0 \\ 0 & w_{1(k+1)} < 0 \end{cases}$	$\varphi(w_{2(k+1)}) = \begin{cases} \frac{0.05^2 w_{2(k+1)}}{\Gamma(2)e^{0.05w_{2(k+1)}}} & w_{2(k+1)} \geqslant 0 \\ 0 & w_{2(k+1)} < 0 \end{cases}$	$\varphi(w_{3(k+1)}) = \begin{cases} \frac{0.07^2 w_{3(k+1)}}{\Gamma(2)e^{0.07w_{3(k+1)}}} & w_{3(k+1)} \geqslant 0 \\ 0 & w_{3(k+1)} < 0 \end{cases}$
3	$\varphi(w_{1(k+1)}) = \begin{cases} \frac{0.025^2 w_{1(k+1)}}{\Gamma(2)e^{0.025w_{1(k+1)}}} & w_{1(k+1)} \geqslant 0 \\ 0 & w_{1(k+1)} < 0 \end{cases}$	$\varphi(w_{2(k+1)}) = \begin{cases} \frac{0.03^2 w_{2(k+1)}}{\Gamma(2)e^{0.03w_{2(k+1)}}} & w_{2(k+1)} \geqslant 0 \\ 0 & w_{2(k+1)} < 0 \end{cases}$	$\varphi(w_{3(k+1)}) = \begin{cases} \frac{0.05^2 w_{3(k+1)}}{\Gamma(2)e^{0.05w_{3(k+1)}}} & w_{3(k+1)} \geqslant 0 \\ 0 & w_{3(k+1)} < 0 \end{cases}$
4	$\varphi(w_{1(k+1)}) = \begin{cases} \frac{0.02^2 w_{1(k+1)}}{\Gamma(2)e^{0.02w_{1(k+1)}}} & w_{1(k+1)} \geqslant 0 \\ 0 & w_{1(k+1)} < 0 \end{cases}$	$\varphi(w_{2(k+1)}) = \begin{cases} \frac{0.02^2 w_{2(k+1)}}{\Gamma(2)e^{0.02w_{2(k+1)}}} & w_{2(k+1)} \geqslant 0 \\ 0 & w_{2(k+1)} < 0 \end{cases}$	$\varphi(w_{3(k+1)}) = \begin{cases} \frac{0.03^2 w_{3(k+1)}}{\Gamma(2)e^{0.03w_{3(k+1)}}} & w_{3(k+1)} \geqslant 0 \\ 0 & w_{3(k+1)} < 0 \end{cases}$

根据命题4.1的结论：

$$F_{X_{n(k+1)}}(Q^*_{n(k+1)}(i^{(n)}|i_0^{(n)})) = \frac{(P_{n(k+1)} - C_{n(k+1)})[\eta_n - \Phi_{W_{n(k+1)}(i^{(n)})}(Q^*_{n(k+1)}(i^{(n)}|i_0^{(n)}))] + \eta_n\lambda^* C_{n(k+1)}}{(P_{n(k+1)} - V_{n(k+1)})[1 - \Phi_{W_{n(k+1)}(i^{(n)})}(Q^*_{n(k+1)}(i^{(n)}|i_0^{(n)}))]},$$

以及分布函数的单调递增性，可得到当其他参数取值不变时，最优订购量 $Q^*_{n(k+1)}(i^{(n)}|i_0^{(n)})$ 与风险厌恶因子 η_n 之间的关系，即 $Q^*_{n(k+1)}(i^{(n)}|i_0^{(n)})$ 为 η_n 的单调递增函数。为此，本算例只针对模型最优解与质量水平的波动性、融资能力等因素之间的关系进行敏感性分析。

4.3.1 模型的最优数值解

假设由 A、B 和 C 三种产品所构成的多产品库存系统在第 $k+1$ 周期的融资能力 $C_{k+1} \leqslant 55000$。于是，将表4.3中的相关模型参数值、转移概率矩阵及初始状态值分别代入（4.5）和（4.6）式，并结合模型（4.4）的 Kuhn-Tucker 条件以及上述假定的需求和供应能力的概率密度，可得在随机质量波动下基于风险厌恶及融资能力约束的多产品库存模型的最优数值解（详见表4.3的后四行）。

表4.3　一定风险厌恶及融资能力约束条件下模型的最优数值解

模型参数值	A 产品				B 产品				C 产品			
	$\eta_1=0.035, V_{1(k+1)}=13, P_{1(k+1)}=300, C_{1(k+1)}=160$				$\eta_2=0.023, V_{2(k+1)}=10, P_{2(k+1)}=250, C_{2(k+1)}=185$				$\eta_3=0.030, V_{3(k+1)}=12, P_{3(k+1)}=350, C_{3(k+1)}=250$			
转移概率矩阵	0.50	0.50	0.00	0.00	1.00	0.00	0.00	0.00	1.00	0.00	0.00	0.00
	0.00	0.35	0.65	0.00	0.00	1.00	0.00	0.00	0.00	0.00	1.00	0.00
	0.00	0.24	0.36	0.40	0.00	0.00	1.00	0.00	0.00	1.00	0.00	0.00
	0.00	0.00	0.00	1.00	0.00	0.00	0.00	1.00	0.00	0.00	0.00	1.00

$i_0^{(n)}$	最优期望订购量	最优期望利润	最优期望订购量	最优期望利润	最优期望订购量	最优期望利润
1	131.6	4659.6	79.0	1422.6	77.3	1972.5
2	142.2	5050.1	69.2	1563.4	77.8	2681.8
3	154.7	4953.8	68.4	1890.0	68.2	2163.5
4	178.5	4813.0	11.5	681.3	97.3	3396.5

若 A、B 和 C 产品质量水平的初始状态 $\boldsymbol{i}_0=(i_0^{(1)}, i_0^{(2)}, i_0^{(3)})=(1,1,1)$，则由表4.3的数据实验的结果可知，这三种产品在下个周期的最优 Portfolio 策略为：

$$\overline{\boldsymbol{Q}}_{k+1}^*(\boldsymbol{i}|\boldsymbol{i}_0)=(\overline{Q}_{1(k+1)}^*(i^{(1)}|i_0^{(1)}=1),\overline{Q}_{2(k+1)}^*(i^{(2)}|i_0^{(2)}=1),\overline{Q}_{3(k+1)}^*(i^{(3)}|i_0^{(3)}=1)$$
$$=(131.6,79.0,77.3),$$

各产品相应的最优期望利润为（4659.6，1422.6，1972.5），将各分量相加即可得多产品库存系统的最优总期望利润。同理，可知各产品在不同的初始状态下，多产品库存系统的最优 Portfolio 策略及最优期望利润。显然，当 A、B 和 C 产品质量水平的初始状态分别处于2、3和4时，其最优期望利润为最大；当各处于1、4和1时，相应的最优期望利润为最小。由此可见，在一定的融资能力和风险厌恶下，产品随机质量的波动性对模型的最优解具有重要的影响。

以下只对 A 产品的首达性问题进行分析，其他产品可以类推。根据 A 产品质量水平的转移概率矩阵，其状态转移如图4.1所示。

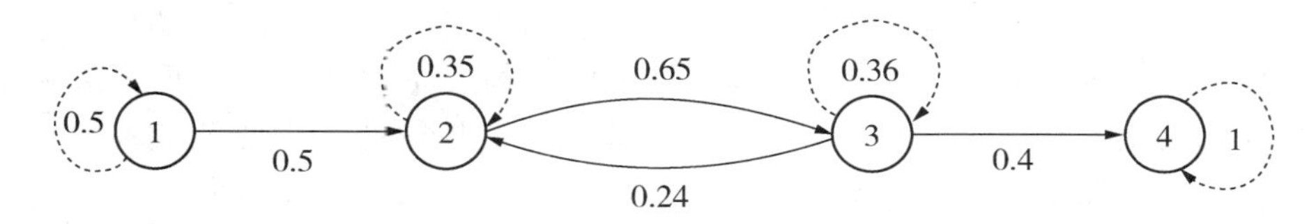

图4.1　A 产品的状态转移

假设 A 产品质量水平的初始状态为 $i_0^{(1)}=1$，并且库存系统以 $i^{(1)}=2$ 作为收益目标。于是，根据图4.1，易知由状态1出发历经 m 个周期后首达状态2的概率为 $f_{12}^{(1)}(m)=P(T_{12}=m|i_0^{(1)}=1)=\frac{1}{2^m}$。同时，根据图4.1可知，在 $i_t\neq 2$ 的条件下，当 $i_t\neq 1$ 时，有

$$(Z_{n(k+m)}=2,Z_{n(k+t)}=i_t\neq 2,t=1,2,\cdots,m-1)=\varnothing。$$

因此，只需求出 $E[\Omega_{1(k+1)}(Q_{1(k+1)}^*(i^{(1)}=2|i_{m-1}^{(1)}=1)]$ 的值，并由命题4.3的结论即可得该产品的质量水平从状态1出发首次到达状态2时平均每个周期所获取的最优期望利润。事实上，根据表4.2所给出的不同质量水平下随机供应能力的概率密度，并联合命题4.1和4.2的结论，可得：

$$E[\Omega_{1(k+1)}(Q_{1(k+1)}^*(i^{(1)}=2|i_{m-1}^{(1)}=1)]=4944.5。$$

再由泰勒展开式可知，当 $0\leqslant|x|<1$ 时，有 $\frac{1}{(1-x)}=\sum_{m=0}^{\infty}x^m$。对该式子两边求导，得：

$$H(x)\triangleq\frac{1}{(1-x)^2}=\sum_{m=1}^{+\infty}mx^{m-1}。$$

因此，首达时间 T_{12} 的数学期望为：

$$E(T_{12}) = \sum_{m=1}^{+\infty} m f_{ij}^{(n)}(m) = \frac{H(\frac{1}{2})}{2} = 2。$$

于是，由（4.9）式可得：

$$\Omega_{首达}(Z_{n(k+m)}) = 2 \mid Z_{nk} = 1) = 4944.5 \sum_{m=1}^{+\infty} 1/2^{m+1} \approx 2472.3 。$$

即 A 产品的质量水平按表 4.3 中的转移概率矩阵随机波动下，库存系统由状态 1 出发首次到达状态 2 时，平均每个周期所获取的最优期望利润为 2472.3。

4.3.2 供应能力对最优解的敏感性分析

由于质量水平波动的幅度影响着库存系统供应能力的大小，为了分析产品的供应能力对模型最优解的影响，不失一般性，这里假设各产品的供应能力 W 都服从伽玛分布 $Ga(\alpha,\xi)$。由于随机变量的矩是反映总体的取值规律的最主要特征数之一，故 $E(W)$ 可以作为衡量各产品的供应能力的指标数。因为 $Ga(\alpha,\xi)$ 分布的数学期望为 $E(W) = \frac{\alpha}{\xi}$，所以当 α 的取值固定时，可以通过 ξ 的取值趋势来反映产品供应能力的大小。接下来在一定的风险厌恶和融资能力约束下，利用 ξ 的取值变化情况间接地揭示供应能力对最优解的敏感性（结果如表 4.4 所示）。

表 4.4　一定风险厌恶和融资能力约束下供应能力对模型的最优解的影响

ξ	A 产品		B 产品		C 产品		总利润
	$V_{1(k+1)}=13$，$\eta_1=0.035$，$\alpha=2$，$P_{1(k+1)}=300$，$C_{1(k+1)}=160$，$C_{k+1}\leqslant 55000$		$V_{2(k+1)}=10$，$\eta_2=0.023$，$\alpha=2$，$P_{2(k+1)}=250$，$C_{2(k+1)}=185$，$C_{k+1}\leqslant 55000$		$V_{3(k+1)}=12$，$\eta_3=0.03$，$\alpha=2$，$P_{3(k+1)}=350$，$C_{3(k+1)}=250$，$C_{k+1}\leqslant 55000$		
	最优期望订购量	最优期望利润	最优期望订购量	最优期望利润	最优期望订购量	最优期望利润	
0.049	113.8	5673.6	95.6	1252.0	97.2	2092.4	9018.0
0.054	107.3	5314.9	86.3	1247.8	87.5	2057.6	8620.3
0.059	105.9	4994.0	85.6	1216.0	85.0	1993.7	8203.7
0.064	103.6	4705.8	82.1	1184.8	80.8	1929.7	7820.3
0.069	101.9	4446.5	79.5	1150.5	77.5	1863.5	7460.5
0.074	100.7	4212.4	77.4	1115.0	74.9	1797.8	7125.2
0.079	99.9	4000.2	75.9	1079.6	72.9	1896.1	6975.9

显然，$E(W) = \dfrac{\alpha}{\xi}$ 关于 ξ 为单调递减的函数，表明当 ξ 增大时，各产品的供应能力在相应递减。在一定的风险厌恶和融资能力约束下，由表 4.4 的实验结果可知，ξ 的取值越大，各产品的最优期望订购量和最优期望利润以及库存系统的总利润就越小，这说明库存系统的供应能力与模型最优解之间的关系具有正相关性。因此，在库存系统的优化与控制中，将“供应能力依赖质量水平的波动性”的理念纳入联合采购的决策机制，具有一定的管理意义。

4.3.3　融资能力对最优解的影响性分析

在一定风险厌恶和质量水平下，为了便于深入了解融资能力 C_{k+1} 与模型的最优解之间的关系，不妨假设 A、B 和 C 产品在质量水平的波动下于下个周期的供应能力必然分别服从 $Ga(2,0.049)$、$Ga(2,0.054)$ 和 $Ga(2,0.059)$，这里所谓的必然性指的是当某种产品质量水平从某个初始状态出发，以 1 的转移概率到达下个状态。于是，根据命题 4.1 和 4.2 的结论，可得以下实验结果（详见表 4.5）。

表 4.5　一定风险厌恶和质量水平下融资能力对模型的最优解的影响

C_{k+1}	A 产品		B 产品		C 产品		λ^*
	$V_{1(k+1)}=13$，$\eta_1=0.035$，$\alpha=2$，$\xi=0.049$，$P_{1(k+1)}=300$，$C_{1(k+1)}=160$		$V_{2(k+1)}=10$，$\eta_2=0.023$，$\alpha=2$，$\xi=0.054$，$P_{2(k+1)}=250$，$C_{2(k+1)}=185$		$V_{3(k+1)}=12$，$\eta_3=0.03$，$\alpha=2$，$\xi=0.059$，$P_{3(k+1)}=350$，$C_{3(k+1)}=250$		
	最优期望订购量	最优期望利润	最优期望订购量	最优期望利润	最优期望订购量	最优期望利润	
51000	106.5	5672.5	77.1	1504.0	78.83	2430.5	0.045
51500	106.9	5672.7	78.1	1503.4	79.7	2431.0	0.042
52000	107.4	5672.9	79.2	1502.8	80.7	2431.4	0.039
52500	108.8	5673.2	81.9	1501.1	83.0	2432.3	0.031
53500	109.0	5673.2	82.3	1500.8	83.4	2432.4	0.030
54000	109.5	5673.3	83.3	1500.1	84.3	2432.6	0.027
54500	110.1	5673.4	84.3	1499.4	85.1	2432.8	0.023
55000	110.7	5673.5	85.3	1498.6	86.0	2432.9	0.020
57500	113.8	5673.6	89.9	1494.9	90.3	2433.0	0.000
58000	113.8	5673.6	89.9	1494.9	90.3	2433.0	0.000

由表4.5可知，各产品的最优期望订购量随着融资能力的增强而变大，可见两者之间具有正相关性。然而，随着融资能力值 C_{k+1} 进一步增大，其对最优期望订购量和最优期望利润的敏感性逐渐趋弱；当 C_{k+1} 值达到一定水平时，模型的最优解趋于稳定值。事实上，由模型的 Kuhn-Tucker 条件易从理论上解释这种现象，即当融资能力 C_{k+1} 充分大时，拉格朗日乘子 λ^* 值趋于零，在此情形下模型的最优解不再受约束条件 C_{k+1} 的限制。由此表明在资金充足的情形下，可以不考虑资金水平对库存系统最优 Portfolio 策略的影响。

在函数论中存在着一类重要的函数族，即其单调性依赖于自身所含有的参数的取值，如 $y = e^{(a-1)x}$。由（4.6）式可知，最优期望利润 $E[\Omega_{n(k+1)}(\overline{Q}^*_{n(k+1)}(i^{(n)}|i_0^{(n)}))]$ 是以 $Q^*_{n(k+1)}(i^{(n)}|i_0^{(n)})$ 为自变量的函数，而风险厌恶因子 η_n 为 $Q^*_{n(k+1)}(i^{(n)}|i_0^{(n)})$ 所含有的参数之一。结合表4.5的结果可知，在一定的模型参数取值和融资能力的条件下，A 和 C 产品的最优期望利润关于最优期望订购量为单调递增的函数，B 产品的单调性则相反。根据表4.5中的模型参数设计：A、B 和 C 产品的风险厌恶程度分别为 $\eta_1 = 0.035$，$\eta_2 = 0.023$ 及 $\eta_3 = 0.03$，故 $\eta_1 > \eta_3 > \eta_2$，可见决策者对待 B 产品的风险厌恶程度相对较高一些。这说明不同的风险厌恶程度影响了最优期望利润与最优期望订购量之间的关系属性，即其两者之间的单调属性为风险厌恶因子依赖的。同时，该算例的数值实验的结果也说明决策者所持的风险态度对库存系统的预期收益施加着重要的影响。

4.4 本章小结

本章在融资能力的约束下基于风险测度 CVaR 准则构建随机质量波动和融资能力约束下带有风险厌恶的多产品库存系统优化与控制模型，并提出由多重要素组成的最优 Portfolio 策略。同时，利用首达性、常返性及 Phase-Type 分布等随机过程的基本理论分析了库存系统的随机性。本章研究得出以下重要结论：

（1）在随机质量水平的波动下，供应能力也是随机波动的，供应能力与质量波动状态有关，产品质量水平的波动性对库存系统的最优解具有重要的影响。当其波动性使供应能力提高时，质量水平与最优解之间的关系为正相关的；否则反之。

（2）库存系统的最优期望订购量与融资能力之间具有正相关性，但随着融资能力值进一步增大时，其对最优期望订购量和期望利润的敏感性逐渐趋弱。即当融资能力达到一定的水平时，决策者可以不考虑资金因素对库存系统的影响。然而，在一定的融资能力下，决策者的风险厌恶程度确定了最优期望订购量与期望利润之间的关系属性。

由于在复杂的决策环境下，由单一要素所构建的理论体系难以全面地刻画实际问题。因此，本章在充分考虑融资能力、风险厌恶、质量水平的波动性、需求的随机性等要素对决策机制的影响下，拓展了多产品库存系统的优化与控制模型，具有一定的理论和实际意义。决策者可以利用库存系统的历史数据，统计出质量水平的转移概率矩阵，结合本模型构建每周期的最优决策机制，以提升库存系统的运作与管理水平。

第5章　多产品马氏质量过程下带VaR约束的鞅风险随机库存模型

5.1　引　言

在前面各章的研究中，我们主要在库存系统的供应能力依赖质量水平的基础上，基于条件风险准则分别构建有和无融资能力约束的多产品库存优化模型，并给出相应的最优决策机制。本章在前面研究的基础上，考虑在供应能力和需求依赖质量水平的条件下，研究带有VaR约束的鞅风险随机库存系统优化决策问题，并给出相应的最优订购策略。

虽然VaR准则存在不具有次可加性及凸性等不足，但其概念简单以及易于理解，具有较强的实用性，决策者通过相关的数值指标即可深入了解系统在一定决策下的整体风险情况。因此，VaR准则成为国际通用的风险测度基本理论，同时也是库存系统风险管理和控制的重要研究方法之一。Luciano等[175]基于VaR准则拓展多周期静态库存模型，并通过数值模拟的方法刻画随机变量的结尾分布情况。Tu[176]同样运用VaR准则研究带有风险偏好的多周期库存模型，并给出模型的最优解。Özler等[177]运用VaR准则考虑风险厌恶下多产品报童问题，并证明模型的解的存在性，同时通过数学规划法给出模型的最优解。Abdollahi等[178]综合考虑车辆路径和调度等因素所产生的成本参数，结合VaR准则构建带有风险约束的库存决策模型，进而针对模型的求解问题提出新的算法。姚忠[179]研究零售商在风险的决策环境下最优订购决策问题，构建带有VaR约束的协调库存优化模型，并通过解析法对满足零售商下游风险约束下的零售商订购决策进行系统分析。侯阔林等[180]运用Nash博弈论考虑竞争报童问题以及零售商所持有的风险规避态度对库存决策的影响，并在此问题基础上构建二层规划报童模型，其算例的数值实验结果表明：在竞争的决策环境下最优订购策略和风险厌恶程度之间具有负相关性。

鞅的基本理论源自公平赌博过程，即在胜负机会均等的情形下，赌徒在参加下一轮赌博后的期望资金等于当前所持有的资金。目前，鞅论已成为在风险决策研究中最核心的理论工具之一，如：Zheng 和 Yang[181]、王恺明等[182]、赵攀和肖庆宪[183]等学者利用鞅论解决期权定价方面的决策问题；Xue[184]、梁晓青和郭军义[185]等学者给出鞅论在保险研究领域中的应用；汪卢俊[186]将上证指数和深证成指的实际数据生成鞅过程，分析中国股票市场的基本行情。虽然鞅论在股票、期权定价与保险等风险管理的研究领域取得空前的研究进展，相关的研究成果也日趋于成熟及完善，但其在风险库存系统的优化和控制领域中的应用研究进展相对比较滞后，远远落后于其他研究领域。Shi 等[187]视需求为更新过程的情况下，运用鞅论建立连续补货型的库存模型。娄山佐和田新诚[188-189]考虑供应中断和退货具有随机性，运用布朗运动描述库存水平的变化规律，进而利用连续时间马氏链、更新过程及鞅论，构建带有折扣因子的总期望费用模型，并运用交叉熵法给出库存模型的最优解以及供应中断时的应急方案。

本章首先在经典的风险厌恶库存模型的理论基础上，将“供应能力与需求依赖质量水平”的决策理念纳入库存模型框架之中，并在多产品多周期的决策环境下构建相应的决策模型，以解决在供需依赖质量水平下的风险厌恶多产品库存系统的最优决策问题。其次，结合鞅论中的基本概念及上下穿不等式，给出鞅风险系统的基本定义及其上下穿风险评估体系。最后，利用上下穿风险评估体系来度量多产品库存系统在运行过程中所面临的潜在风险性，并解决系统在受到多重“噪声”的干扰下其风险性的评估问题，以进一步完善风险库存系统的优化与控制决策机制。

5.2　模型的构建

5.2.1　模型描述和符号说明

与前文的分析一样，这里同样假设产品质量水平的波动性满足马尔可夫性。因为产品的质量水平直接影响供应能力及需求，所以可假设多产品库存系统的供应能力及需求为依赖质量水平的。接下来主要在上述模型假设的基础之上，结合马氏过程和 VaR 约束条件（Value-at-Risk Constraint），提出由多产品构成的风险库存系统的最优 Portfolio 策略（最优采购组合）。

为了方便问题的阐述，首先做如下符号说明：给定多产品库存系统的周期 $k=1,2,\cdots,K$；产品 $n=1,\cdots,N$；各产品质量水平的状态集 $\boldsymbol{S}=\{1,2,\cdots,S\}$，即由产品的质量缺陷率的大小，将其划分为 S 个状态以刻画产品质量水平的高低；各产品于第 k 周期的销售价格、进货价格及单位残值分别表示为 $\boldsymbol{R}_k=(R_{1k},R_{2k},\cdots,R_{Nk})$，$\boldsymbol{C}_k=(C_{1k},$

$C_{2k},\cdots,C_{Nk}$）及 $\boldsymbol{V}_k=(V_{1k},V_{2k},\cdots,V_{Nk})$；$\{Z_{nk}=i,i\in\boldsymbol{S}\}$ 表示第 n 种产品的马氏质量过程，其 k 步转移概率矩阵为 $\boldsymbol{P}_n(k)=(p_{ij}^{(n)}(k))_{S\times S}$。

近年来，Sethi、Cheng 和 Beyer 等学者的研究工作进一步拓展了马氏理论在库存系统管理领域的应用，其研究成果的突出贡献之一就是将系统中的随机变量视为某种状态依赖的[190-192]。借此建模思想，这里假设当产品 n 在第 k 周期的质量水平处于状态 $Z_{nk}=i$ 时，其供应能力和需求分别为 $W_n(i)$ 和 $X_n(i)$，并且它们的概率密度分别为 $\varphi_{W_n(i)}(w)$ 及 $f_{X_n(i)}(x)$，相应的分布函数分别表示为 $\Phi_{W_n(i)}(w)$ 及 $F_{X_n(i)}(x)$，并假设 $\Phi_{W_{nk}(i)}(0)=F_{X_n(i)}(0)=0$。

5.2.2 供需依赖质量水平的多产品风险厌恶型库存决策模型

为了方便问题的论述，这里将各产品的质量水平按缺陷率的大小统一划分为 S 个状态，即每种产品的状态集 $\boldsymbol{S}=\{1,2,\cdots,S\}$。因为供应商的供应能力以及顾客的需求与产品质量水平的波动性相关，所以当对多种产品进行采购时，订购策略受质量水平的随机性的影响。由于第 n 种产品在订购量为 Q_n 的条件下，在第 k 周期的销售利润为：

$$\Omega_n(Q_n)=(R_{nk}-C_{nk})Q_n-(R_{nk}-V_{nk})(Q_n-X_{nk})^+,\tag{5.1}$$

又因为当产品 n 于第 k 周期的质量水平处于状态 $Z_{nk}=j_{nk}$ 时，其供应能力及需求分别为 $W_n(j_{nk})$ 和 $X_n(j_{nk})$，故结合（5.1）式可知当产品 n 的质量水平从初始状态 i_{n0} 出发历经 k 个周期后到达 j_{nk} 时的利润为：

$$\begin{aligned}\Omega_n(Q_n(j_{nk}|i_{n0}))=&(R_{nk}-C_{nk})\min\{Q_n(j_{nk}|i_{n0}),W_n(j_{nk})\}-(R_{nk}-V_{nk})\cdot\\&(\min\{Q_n(j_{nk}|i_{n0}),W_n(j_{nk})\}-X_n(j_{nk}))^+。\end{aligned}\tag{5.2}$$

式中：$Q_n(j_{nk_2}|i_{nk_1})$ 为当产品 n 的质量水平由状态 i_{nk_1} 转移到 j_{nk_2} 时的订购量，这里状态中的下标 k_2-k_1 表示系统历经的周期数。

为了便于论述，令

$$(\boldsymbol{j}_k|\boldsymbol{i}_0)=(j_{1k}|i_{10},j_{2k}|i_{20},\cdots,j_{Nk}|i_{N0})^T,$$

$$\boldsymbol{Q}_k(\boldsymbol{j}_k|\boldsymbol{i}_0)=(Q_1(j_{1k}|i_{10}),\cdots,Q_N(j_{Nk}|i_{N0}))^T,$$

$$\boldsymbol{D}_K=(\boldsymbol{Q}_1(\boldsymbol{j}_1|\boldsymbol{i}_0),\boldsymbol{Q}_2(\boldsymbol{j}_2|\boldsymbol{i}_0),\cdots,\boldsymbol{Q}_K(\boldsymbol{j}_K|\boldsymbol{i}_0))。$$

因为在不同的决策环境（如持有的资金额度、产品的质量水平等）下，决策者对产品的风险厌恶程度有所不同，故可设 η_{nk} 为决策者对产品 n 在第 k 周期所持有的风险厌恶因子。于是，各产品在设定的目标利润 $\Omega_{nk}^{(0)}$ 以及供需依赖质量水平的条件下，由（5.2）式可得出带有 VaR 约束的多产品库存系统 K 个周期的总期望利润模型：

$$\begin{cases} \max\limits_{D_K} E[\Omega(\boldsymbol{D}_K)] = \max\limits_{D_K} E\left[\sum\limits_{k=1}^{K}\sum\limits_{n=1}^{N}\Omega_n(Q_n(j_{nk}|i_{n0}))\right] \\ \text{s. t. } Prob\{\Omega_n(Q_n(j_{nk}|i_{n0})) \leqslant \Omega_{nk}^{(0)}\} \leqslant \eta_{nk},\ n=1,2,\cdots,N;k=1,2,\cdots,K \end{cases}。\tag{5.3}$$

式中：风险厌恶因子 $\eta_{nk} \in (0,1]$ 反映了决策者的风险厌恶的程度，即当 η_{nk} 的取值越小时，风险厌恶的程度就越高。若 $\eta_{nk}=1$，则模型（5.3）等价于风险中性型的模型。VaR准则是风险决策中最常用的理论工具之一，是由Morgan公司在1996年公布的风险测度理论体系中所提出的一种新型风险度量方法，该理论基础源自Markowitz所创立的均值—方差风险模型[193]。然而，标准的VaR准则只能刻画在给定的置信水平及一定的持有期限内的最大损失量，但未能描述系统的未来期望利润。因此，为了解决带有期望利润的实际问题，在标准的VaR准则的理论基础上引入相应的约束条件（如本书的模型（5.3）所示），以克服这个局限性。同时，Heath等[194]的研究结果表明，VaR准则并未能满足一致风险测度的次可加性，这意味着在风险决策体系里不能通过计算局部的VaR而获取整体Portfolio（投资组合）的VaR的信息。虽然VaR准则存在一定的不足，但是较于CVaR准则其具有独特的优点，如数学语言表述较为通俗以及便于检验与操作等特点，现已成为金融监管领域的度量风险的主要工具之一[195]。关于VaR和CVaR准则进一步的比较分析，详见Alexander和Baptista的研究成果[196]。

5.2.3　最优期望订购量和总期望报酬准则

记库存系统在未来 K 个周期里的最优订购量为

$$\boldsymbol{D}_K^* = (\boldsymbol{Q}_1^*(\boldsymbol{j}_1|\boldsymbol{i}_0),\boldsymbol{Q}_2^*(\boldsymbol{j}_2|\boldsymbol{i}_0),\cdots,\boldsymbol{Q}_K^*(\boldsymbol{j}_K|\boldsymbol{i}_0)),$$

式中：

$$\boldsymbol{Q}_k^*(\boldsymbol{j}_k|\boldsymbol{i}_0) = (Q^*(j_{1k}|i_{10}),Q^*(j_{2k}|i_{20}),\cdots,Q^*(j_{Nk}|i_{N0}))^T$$

为当各产品的质量水平分别由初始状态 i_{n0} 转移到 j_{nk} 时的最优订购量（$n=1,2,\cdots,N$）。以下主要研究在库存系统的供需受质量的随机波动性的影响下，给出库存系统的最优期望订购量和总期望报酬准则。

命题5.1　设产品 n 的质量水平的波动过程 $\{Z_{nk}=i,i\in\boldsymbol{S}\}$ 满足马氏性，其 k 步转移概率矩阵为 $\boldsymbol{P}_n(k)=(p_{ij}^{(n)}(k))_{S\times S},i,j\in\boldsymbol{S}$，并记产品 n 的质量水平由初始状态 i_{n0} 出发历经 k 个周期后到达 j_{nk} 时的概率为 $P(Z_{nk}=j_{nk}|Z_{n0}=i_{n0})=p_{i_{n0}j_{nk}}^{(n)}(k)$。若对于任意 $i\in\boldsymbol{S}$，供应能力 $W_n(i)$ 和需求 $X_n(i)$ 的概率密度满足：$\varphi_{W_n(i)}(w)+f_{X_n(i)}(x)<1$ 以及 $F_{X_n(i)}(x)$ 为二阶可微的凹函数，则模型（5.3）的Kuhn-Tucker点为唯一的最优

解，其相应的最优期望订购量为：

$$\overline{\boldsymbol{D}}_K^* = (\overline{\boldsymbol{Q}}_1^*(\boldsymbol{j}_1|\boldsymbol{i}_0), \overline{\boldsymbol{Q}}_2^*(\boldsymbol{j}_2|\boldsymbol{i}_0), \cdots, \overline{\boldsymbol{Q}}_K^*(\boldsymbol{j}_K|\boldsymbol{i}_0))。\tag{5.4}$$

式中：

$$\overline{\boldsymbol{Q}}_k^*(\boldsymbol{j}_k|\boldsymbol{i}_0) = \Big(\sum_{j_{1k}\in \boldsymbol{S}} p_{i_{10}j_{1k}}^{(1)}(k) Q_1^*(j_{1k}|i_{10}), \cdots, \sum_{j_{Nk}\in \boldsymbol{S}} p_{i_{N0}j_{Nk}}^{(N)}(k) Q_N^*(j_{Nk}|i_{N0})\Big)^T,$$

并且对于任意 $j_{nk} \in \boldsymbol{S}$，有：

$$\boldsymbol{Q}_k^*(\boldsymbol{j}_k|\boldsymbol{i}_0) \in \boldsymbol{J} = \{(Q_1(j_{1k}|i_{10}), \cdots, Q_N(j_{Nk}|i_{N0}))^T \mid H_{nk}^{(0)}(Q_n(j_{nk}|i_{n0})) = 0,\ H_{nk}^{(1)}(Q_n(j_{nk}|i_{n0})) = 0\},$$

$$H_{nk}^{(0)}(Q_n(j_{nk}|i_{n0})) = [(R_{nk} - C_{nk}) - (R_{nk} - V_{nk})F_{X_n(j_{nk})}(Q_n(j_{nk}|i_{n0}))] - \frac{\lambda_{nk}^*(C_{nk} - V_{nk})}{R_{nk} - V_{nk}} f_{X_n(j_{nk})}\left(\frac{\Omega_{nk}^{(0)} - (C_{nk} - V_{nk})Q_n(j_{nk}|i_{n0})}{R_{nk} - V_{nk}}\right),$$

$$H_{nk}^{(1)}(Q_n(j_{nk}|i_{n0})) = \lambda_{nk}^*\Big[\Phi_{W_n(j_{nk})}\left(\frac{\Omega_{nk}^{(0)}}{R_{nk} - C_{nk}}\right) + \int_{\frac{\Omega_{nk}^{(0)}}{R_{nk}-C_{nk}}}^{Q_n(j_{nk}|i_{n0})} F_{X_n(j_{nk})}\left(\frac{\Omega_{nk}^{(0)} + (C_{nk} - V_{nk})w}{R_{nk} - V_{nk}}\right)\cdot \varphi_{W_n(j_{nk})}(w)\mathrm{d}w + F_{X_n(j_{nk})}\left(\frac{\Omega_{nk}^{(0)} + (C_{nk} - V_{nk})Q_n(j_{nk}|i_{n0})}{R_{nk} - V_{nk}}\right)\cdot (1 - \Phi_{W_n(j_{nk})}(Q_n(j_{nk}|i_{n0}))) - \eta_{nk}\Big],$$

而 $\lambda_{nk}^* \geqslant 0$ 为模型（5.3）的 Kuhn-Tucker 条件的广义拉格朗日乘子（$n = 1,2,\cdots,N$; $k = 1,2,\cdots,K$）。

证明：首先，给出模型（5.3）的等价形式。由（5.2）式，可得：

$$\begin{aligned} &E[\Omega_n(Q_n(j_{nk}|i_{n0}))] \\ &= (R_{nk} - C_{nk})\Big[\int_0^{Q_n(j_{nk}|i_{n0})} w\mathrm{d}\Phi_{W_n(j_{nk})}(w) + (1 - \Phi_{W_n(j_{nk})}(Q_n(j_{nk}|i_{n0})))Q_n(j_{nk}|i_{n0})\Big] - \\ &\quad (R_{nk} - V_{nk})\Big[\int_0^{Q_n(j_{nk}|i_{n0})}\int_0^w (w - x)\mathrm{d}F_{X_n(j_{nk})}(x)\mathrm{d}\Phi_{W_n(j_{nk})}(w) + \\ &\quad (1 - \Phi_{W_n(j_{nk})}(Q_n(j_{nk}|i_{n0})))\int_0^{Q_n(j_{nk}|i_{n0})}(Q_n(j_{nk}|i_{n0}) - x)\mathrm{d}F_{X_n(j_{nk})}(x)\Big]。\end{aligned}$$

于是，结合文献［167］中的（7）式，可得模型（5.3）的等价形式：

$$\begin{cases} \max\limits_{Q_K} E[\Omega(D_K)] = \max\limits_{Q_K}\sum\limits_{k=1}^{K}\sum\limits_{n=1}^{N} E[\Omega_n(Q_n(j_{nk}|i_{n0}))] \\ \text{s.t. } \Pi_n(Q_n(j_{nk}|i_{n0})) \triangleq \Phi_{W_n(j_{nk})}\left(\dfrac{\Omega_{nk}^{(0)}}{R_{nk} - C_{nk}}\right) + \displaystyle\int_{\frac{\Omega_{nk}^{(0)}}{R_{nk}-C_{nk}}}^{Q_n(j_{nk}|i_{n0})} F_{X_n(j_{nk})}\left(\dfrac{\Omega_{nk}^{(0)} + (C_{nk} - V_{nk})w}{R_{nk} - V_{nk}}\right)\cdot \\ \qquad \varphi_{W_n(j_{nk})}(w)\mathrm{d}w + F_{X_n(j_{nk})}\left(\dfrac{\Omega_{nk}^{(0)} + (C_{nk} - V_{nk})Q_n(j_{nk}|i_{n0})}{R_{nk} - V_{nk}}\right)(1 - \\ \qquad \Phi_{W_n(j_{nk})}(Q_n(j_{nk}|i_{n0}))) - \eta_{nk} \leqslant 0 \\ \qquad n = 1,2,\cdots,N;\ k = 1,2,\cdots,K \end{cases}。$$

其次，证明模型之解的唯一性。由约束函数的表达式，可知：

$$\Pi''_n(Q_n(j_{nk}|i_{n0})) = \frac{C_{nk}-V_{nk}}{R_{nk}-V_{nk}}\left[\frac{C_{nk}-V_{nk}}{R_{nk}-V_{nk}}F''_{X_n(j_{nk})}\left(\frac{\Omega^{(0)}_{nk}+(C_{nk}-V_{nk})Q_n(j_{nk}|i_{n0})}{R_{nk}-V_{nk}}\right)(1-\Phi_{W_n(j_{nk})}\cdot (Q_n(j_{nk}|i_{n0})))-f_{X_n(j_{nk})}\left(\frac{\Omega^{(0)}_{nk}+(C_{nk}-V_{nk})Q_n(j_{nk}|i_{n0})}{R_{nk}-V_{nk}}\right)\varphi_{W_n(j_{nk})}(Q_n(j_{nk}|i_{n0}))\right]。$$

因为 $F_{X_n(i)}(x_{nk})$ 为二阶可微的凹函数，所以 $F''_{X_n(i)}(x_{nk}) \leqslant 0$。显然，根据库存系统中的销售价 R_{nk}、进价 C_{nk} 和残值 V_{nk} 的实际意义，易知 $R_{nk} > C_{nk} > V_{nk}$。因此，$\Pi''_n(Q_n(j_{nk}|i_{n0})) \leqslant 0$，故 $\Pi_n(Q_n(j_{nk}|i_{n0}))$ 为凹函数。今记 $\boldsymbol{C} = (c_{nk,mk})_{(NK)\times(NK)}$，其中

$$c_{nk,mk} = \frac{\partial^2 E[\Omega(D_K)]}{\partial Q_n(j_{nk}|i_{n0})\partial Q_m(j_{mk}|i_{m0})} \qquad n,m=1,\cdots,N;k=1,\cdots,K。$$

因此，当 $n \neq m$ 时，有：$c_{nk,mk}=0$；当 $n=m$ 时，有：

$$\begin{aligned} c_{nk,mk} &= -(R_{nk}-C_{nk})\varphi_{W_n(j_{nk})}(Q_n(j_{nk}|i_{n0}))+(R_{nk}-V_{nk})[F_{X_n(j_{nk})}(Q_n(j_{nk}|i_{n0}))\cdot \\ &\quad \varphi_{W_n(j_{nk})}(Q_n(j_{nk}|i_{n0}))+\Phi_{W_n(j_{nk})}(Q_n(j_{nk}|i_{n0}))f_{X_n(j_{nk})}(Q_n(j_{nk}|i_{n0}))-1] \\ &\leqslant -(R_{nk}-C_{nk})\varphi_{W_n(j_{nk})}(Q_n(j_{nk}|i_{n0}))+(R_{nk}-V_{nk})[\varphi_{W_n(j_{nk})}(Q_n(j_{nk}|i_{n0}))+ \\ &\quad f_{X_n(j_{nk})}(Q_n(j_{nk}|i_{n0}))-1]。\end{aligned}$$

又因为对于任意 $i \in \boldsymbol{S}$，$\varphi_{W_r(i)}(w)+f_{X_n(i)}(x) < 1$，所以 $c_{nk,mk} < 0$。显然，若 C_n 为 C 的 n 阶顺序主子式，则有 $(-1)^n C_n > 0$，故 C 为负定矩阵。由此可知，$-E[\Omega(\boldsymbol{D}_K)]$ 为严格凸函数。因此，由（5.3）式所确定的数学规划为凸规划，故该模型的 Kuhn-Tucker 点为唯一的最优解。

再者，给出模型（5.3）的最优期望订购量。因为各产品的状态集为 $\boldsymbol{S}=\{1,2,\cdots,S\}$，所以产品 n 的质量水平由初始状态 i_{n0} 出发历经 k 个周期后所到达的可能状态有 S 种。因此，$Q^*_n(j_{nk}|i_{n0})$ 只是初始状态 i_{n0} 在转移到 j_{nk} 的前提条件下的最优订购量。又因为产品 n 的质量水平的 k 步转移概率矩阵为 $\boldsymbol{P}_n(k)=(p^{(n)}_{ij}(k))_{S\times S}$，　$i,j \in \boldsymbol{S}$，所以其相应的最优期望订购量为 $\sum\limits_{j_{nk}\in \boldsymbol{S}} p^{(n)}_{i_{n0}j_{nk}}(k)Q^*_n(j_{nk}|i_{n0})$。若 $\boldsymbol{Q}^*_k(\boldsymbol{j}_k|\boldsymbol{i}_0)=(Q^*_1(j_{1k}|i_{10}),Q^*_2(j_{2k}|i_{20}),\cdots,Q^*_N(j_{Nk}|i_{N0}))^T$ 为当各产品的质量水平分别由初始状态 i_{n0} 转移到 j_{nk} 时的最优订购量（$n=1,2,\cdots,N;k=1,2,\cdots,K$），则其必满足模型（5.3）的 Kuhn-Tucker 条件，即

$$\begin{cases} \nabla E[\Omega(D_K)] - \sum\limits_{n=1}^{N}\sum\limits_{k=1}^{K}\lambda^*_{nk}\nabla\Pi_n(Q_n(j_{nk}|i_{n0}))=0 \\ \lambda^*_{nk}\Pi_n(Q_n(j_{nk}|i_{n0}))=0 \\ \lambda^*_{nk}\geqslant 0,n=1,2,\cdots,N;k=1,2,\cdots,K \end{cases} = \begin{cases} H^{(0)}_{nk}(Q_n(j_{nk}|i_{n0}))=0 \\ H^{(1)}_{nk}(Q_n(j_{nk}|i_{n0}))=0 \\ \lambda^*_{nk}\geqslant 0,n=1,2,\cdots,N;k=1,2,\cdots,K \end{cases}。$$

因此，$\boldsymbol{Q}_k^*(\boldsymbol{j}_k|\boldsymbol{i}_0) \in \boldsymbol{J}$。证毕。

从 $\boldsymbol{Q}_k^*(\boldsymbol{j}_k|\boldsymbol{i}_0)$ 与 $\overline{\boldsymbol{Q}}_k^*(\boldsymbol{j}_k|\boldsymbol{i}_0)$ 的表达形式，可知前者为当各产品的质量水平分别从状态 i_{n0} 转移到 j_{nk} 时的最优订购量，后者为以转移概率方式将前者中的元素加权后所获得的最优期望订购量。因此，两者在内涵和结构上存在一定的区别。对于连续型的随机变量而言，理论上易找到反例子，使得命题5.1中的条件“$\varphi_{W_n(i)}(w)+f_{X_n(i)}(x)<1$”不成立，如 $W_n(i)$ 和 $X_n(i)$ 都服从均匀分布 $U(0,1)$；但在实际应用上，这属于极端的情况下的例子。事实上，在常用的连续型分布函数中，如当均匀分布 $U(a,b)$ 中的参数满足 $b-a>2$、正态分布 $N(\mu,\sigma^2)$ 中的 $\sigma\leqslant 1$ 以及伽玛分布 $Ga(\alpha,\theta)$ 中的参数 $\alpha\geqslant 2$ 及 $0<\theta<1$ 时，易得知其概率密度 $p(x)<\dfrac{1}{2}$。因此，该条件在实际问题的应用中具有一定的合理性，数学理论上实属比较弱的假设条件。此外，该命题的理论成果充分体现在库存系统在质量水平的波动下，通过马氏理论可刻画供需随机过程的统计规律性，并在此过程中利用凸规划理论和方法解决风险决策问题。此外，当 $\lambda_{nk}^*=0$ 时，由模型（5.3）的 Kuhn-Tucker 条件，可知最优解的必要条件为：

$$H_{nk}^{(0)}(Q_n(j_{nk}|i_{n0}))=[(R_{nk}-C_{nk})-(R_{nk}-V_{nk})F_{X_n(j_{nk})}(Q_n(j_{nk}|i_{n0}))]=0,$$

这意味着库存系统不再受决策者的风险偏好所限制，即模型（5.3）演变为风险中性模型。

命题5.2 设多产品风险厌恶库存系统在未来 K 个周期里的最优期望订购量为 $\overline{\boldsymbol{D}}_K^*=(\overline{\boldsymbol{Q}}_1^*(\boldsymbol{j}_1|\boldsymbol{i}_0),\overline{\boldsymbol{Q}}_2^*(\boldsymbol{j}_2|\boldsymbol{i}_0),\cdots,\overline{\boldsymbol{Q}}_K^*(\boldsymbol{j}_K|\boldsymbol{i}_0))$，其中

$$\overline{\boldsymbol{Q}}_k^*(\boldsymbol{j}_k|\boldsymbol{i}_0)=\Big(\sum_{j_{1k}\in \boldsymbol{S}}p_{i_{10}j_{1k}}^{(1)}(k)Q_1^*(j_{1k}|i_{10}),\cdots,\sum_{j_{Nk}\in \boldsymbol{S}}p_{i_{N0}j_{Nk}}^{(N)}(k)Q_N^*(j_{Nk}|i_{N0})\Big)^T$$

中的最优订购量 $Q_n^*(j_{nk}|i_{n0})$ 为模型（5.3）的 Kuhn-Tucker 条件下的极值点，即 $\boldsymbol{Q}_k^*(\boldsymbol{j}_k|\boldsymbol{i}_0)\in\boldsymbol{J}$，那么该系统历经 K 个周期后所获得的最优总期望销售利润为：

$$E[\Omega(\overline{\boldsymbol{D}}_K^*)]=\sum_{k=1}^{K}\sum_{n=1}^{N}\sum_{j_{Nk}\in \boldsymbol{S}}p_{i_{n0}j_{nk}}^{(n)}(k)E[\Omega_n(Q_n^*(j_{nk}|i_{n0}))]。\tag{5.5}$$

式中：

$$\begin{aligned}
&E[\Omega_n(Q_n^*(j_{nk}|i_{n0}))]\\
&=(R_{nk}-C_{nk})\Big[\int_0^{Q_n^*(j_{nk}|i_{n0})}w\mathrm{d}\Phi_{W_n(j_{nk})}(w)+(1-\Phi_{W_n(j_{nk})}(Q_n^*(j_{nk}|i_{n0})))Q_n^*(j_{nk}|i_{n0})\Big]-\\
&\quad(R_{nk}-V_{nk})\Big[\int_0^{Q_n^*(j_{nk}|i_{n0})}\int_0^{w}(w-x)\mathrm{d}F_{X_n(j_{nk})}(x)\mathrm{d}\Phi_{W_n(j_{nk})}(w)+\\
&\quad(1-\Phi_{W_n(j_{nk})}(Q_n^*(j_{nk}|i_{n0})))\int_0^{Q_n^*(j_{nk}|i_{n0})}(Q_n^*(j_{nk}|i_{n0})-x)\mathrm{d}F_{X_n(j_{nk})}(x)\Big]。
\end{aligned}$$

证明：因为产品 n 的质量水平从初始状态 i_{n0} 出发历经 k 个周期后到达 j_{nk} 时的概率为 $p_{i_{n0}j_{nk}}^{(n)}(k)$，所以零售商在未来第 k 周期所获得的最优销售利润等于 $E[\Omega_n(Q_n^*(j_{nk}|i_{n0}))]$ 的概率为 $p_{i_{n0}j_{nk}}^{(n)}(k)$。因此，零售商在未来第 k 周期所得的最优期望销售利润为：$\sum_{j_{Nk}\in S} p_{i_{n0}j_{nk}}^{(n)}(k)E[\Omega_n(Q_n^*(j_{nk}|i_{n0}))]$，故多产品系统历经 K 个周期后所得的最优总期望销售利润为：

$$E[\Omega(\overline{D}_K^*)] = \sum_{k=1}^{K}\sum_{n=1}^{N}\sum_{j_{Nk}\in S} p_{i_{n0}j_{nk}}^{(n)}(k)E[\Omega_n(Q_n^*(j_{nk}|i_{n0}))]。$$

再根据命题5.1的证明过程所给出的模型（5.3）的等价形式，易知：

$$\begin{aligned}
&E[\Omega_n(Q_n^*(j_{nk}|i_{n0}))]\\
&= (R_{nk}-C_{nk})\left[\int_0^{Q_n^*(j_{nk}|i_{n0})} w\mathrm{d}\Phi_{W_n(j_{nk})}(w) + (1-\Phi_{W_n(j_{nk})}(Q_n^*(j_{nk}|i_{n0})))Q_n^*(j_{nk}|i_{n0})\right] -\\
&\quad (R_{nk}-V_{nk})\left[\int_0^{Q_n^*(j_{nk}|i_{n0})}\int_0^{w}(w-x)\mathrm{d}F_{X_n(j_{nk})}(x)\mathrm{d}\Phi_{W_n(j_{nk})}(w) +\right.\\
&\quad \left.(1-\Phi_{W_n(j_{nk})}(Q_n^*(j_{nk}|i_{n0})))\int_0^{Q_n^*(j_{nk}|i_{n0})}(Q_n^*(j_{nk}|i_{n0})-x)\mathrm{d}F_{X_n(j_{nk})}(x)\right]。
\end{aligned}$$

证毕。

命题5.2的结论主要在VaR约束下，提出多产品多周期风险厌恶库存系统的最优总期望报酬准则。供应能力和需求制约着库存系统的订购策略及收益过程，该准则充分考虑了质量水平的波动性对供应能力和需求的影响，并在经典库存模型的框架上纳入马氏链理论，以描述多产品库存系统的供应能力和需求的随机过程，进而刻画总期望销售利润曲线随着时间演变的变化趋势。

5.3 鞅风险库存决策分析

5.3.1 鞅的基本概念和理论

以下先介绍鞅论相关的基本概念及上下穿不等式[192]。

定义5.1 设 $\{X_m, m\geqslant 0\}$ 和 $\{Y_m, m\geqslant 0\}$ 为两个随机过程，称 $\{X_m, m\geqslant 0\}$ 关于 $\{Y_m, m\geqslant 0\}$ 为一个鞅，如果以下的条件成立：

（ⅰ）$E(|X_m|) < \infty$；

（ⅱ）$E(X_{m+1}|Y_0,Y_1,\cdots,Y_m) = X_m$ a. s.（几乎处处）。

定义 5.2 设 $\{X_m, m \geqslant 0\}$ 和 $\{Y_m, m \geqslant 0\}$ 为两个随机过程，称 $\{X_m, m \geqslant 0\}$ 关于 $\{Y_m, m \geqslant 0\}$ 为一个上鞅，如果以下的条件成立：

(i) $E(X_m^-) > -\infty$；

(ii) $E(X_{m+1} \mid Y_0, Y_1, \cdots, Y_m) \leqslant X_m$；

(iii) X_m 为关于 $Y_0, Y_1, \cdots, Y_m$ 的函数。

定义 5.3 设 $\{X_m, m \geqslant 0\}$ 和 $\{Y_m, m \geqslant 0\}$ 为两个随机过程，称 $\{X_m, m \geqslant 0\}$ 关于 $\{Y_m, m \geqslant 0\}$ 为一个下鞅，如果以下的条件成立：

(i) $E(X_m^+) < \infty$；

(ii) $E(X_{m+1} \mid Y_0, Y_1, \cdots, Y_m) \geqslant X_m$；

(iii) X_m 为关于 $Y_0, Y_1, \cdots, Y_m$ 的函数。

接下来先介绍鞅中两个重要的基本理论，即上下穿不等式，该式是由著名数学家 J. Doob 在研究鞅的敛散性时所提出的理论分析工具。

引理 5.1（上穿不等式） 设 $\{X_m, m \geqslant 0\}$ 和 $\{Y_m, m \geqslant 0\}$ 为两个随机过程，并且 $\{X_m, m \geqslant 0\}$ 关于 $\{Y_m, m \geqslant 0\}$ 为一个下鞅。记 $\overline{N}^{(m)}(a,b)$ 为随机序列 $\{X_k, 0 \leqslant k \leqslant m\}$ 上穿区间 (a,b) 的次数，则：

$$E[\overline{N}^{(m)}(a,b)] \leqslant \frac{E[X_m - a]^+ - E[X_0 - a]^+}{b-a} \leqslant \frac{EX_m^+ + |a|}{b-a}。\tag{5.6}$$

引理 5.2（下穿不等式） 设 $\{X_m, m \geqslant 0\}$ 和 $\{Y_m, m \geqslant 0\}$ 为两个随机过程，并且 $\{X_m, m \geqslant 0\}$ 关于 $\{Y_m, m \geqslant 0\}$ 为一个上鞅。记 $\underline{N}^{(m)}(a,b)$ 为随机序列 $\{X_k, 0 \leqslant k \leqslant m\}$ 下穿区间 (a,b) 的次数（$a \geqslant 0$），则：

$$E[\underline{N}^{(m)}(a,b)] \leqslant \frac{E[X_0 \wedge b] - E[X_m \wedge b]}{b-a} \leqslant \frac{b}{b-a}。\tag{5.7}$$

这里上（下）穿区间 (a,b) 指的是当 $X_k(k \leqslant m)$ 上（下）穿越端点 b（a）时的情形，即 $X_k \geqslant b$（$X_k \leqslant a$），其直观图如图 5.1 所示。

若令区间 $(a,b) = (4,8)$，由图 5.1 可知，$\overline{N}^{(50)}(4,8) = 8$，即随机变量 $X_k(k \leqslant 50)$ 在过去的 50 个周期里，有 8 次向上穿越端点 8。同理，可知 $\underline{N}^{(50)}(4,8) = 18$。若将区间 (a,b) 视为决策者理想的利润曲线波动区域，显然其乐见于向上穿 (a,b) 的次数越多越好，向下穿 (a,b) 的次数则越少越好。即当 $\overline{N}^{(m)}(a,b)$ 的取值越大及 $\underline{N}^{(m)}(a,b)$ 的取值越小时，库存系统的经济效益就越好。然而，由于风险库存系统具有一定的复杂性及随机性，其未来的可靠性难以预知。因此，上下穿不等式具有重要的实际意义，即给出了库存系统在未来的一定周期内超越所给定界限的平均次数的上界值。

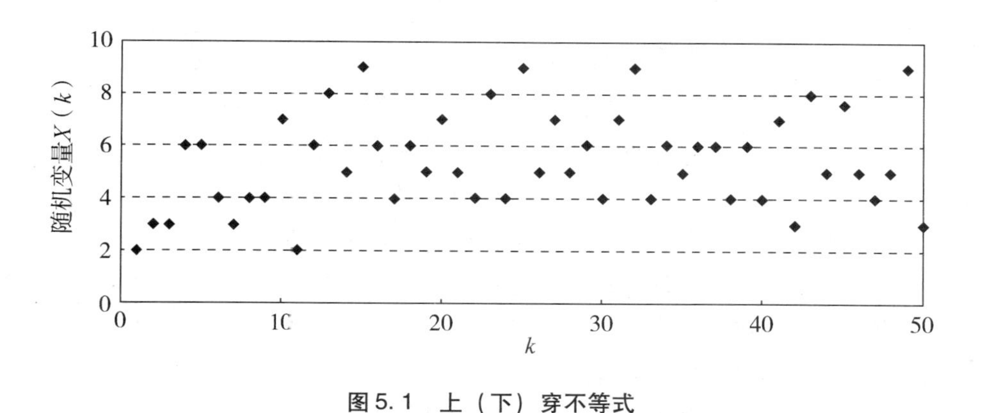

图 5.1　上（下）穿不等式

5.3.2　基于鞅的风险库存系统的评估体系

因为库存系统的供应能力和需求受质量水平的波动性的影响，所以当产品的质量水平做随机运动时，库存系统的利润曲线也随着做相应的随机运动。因此，在此情形下，当库存系统处于不同的初始状态时，利润曲线的最值点在运动的过程中具有哪些特征是决策者所关心的问题。为了解决这个问题，本书拟从鞅的视角来刻画利润曲线的最值点的运动特征，进而构建新的风险库存系统的评估体系。

由上一小节的分析结果可知：当 $\overline{N}^{(m)}(a,b)$ 的取值越大或 $\underline{N}^{(m)}(a,b)$ 的取值越小时，库存系统的经济效益就越好。然而，这还不能完整地反映库存系统的风险信息，这是因为上下穿区间 (a,b) 的幅度（X_m 分别与 a 及 b 之差）的大小尚未解决。为此，出于构建新的评估体系的考虑，以下联合上下穿不等式，先提出一个基本概念。

定义 5.4　设 $\{X_k,k\geqslant 0\}$ 为一个随机过程，(a,b) 为设定的目标区间。今记

$$\overline{M}^{(m)}(a,b)=\frac{\sum_{k=0}^{m}E[X_k-b]^+[E(X_m-a)^+-E(X_0-a)^+]}{(b-a)m},$$

$$\underline{M}^{(m)}(a,b)=\frac{\sum_{k=0}^{m}E[X_k-a]^-[E(X_0\wedge a)-E(X_m\wedge a)]}{(b-a)m},$$

则称 $\overline{M}^{(m)}(a,b)$ 为随机序列 $\{X_k,0\leqslant k\leqslant m\}$ 向上穿 b 的极大总期望幅度，称 $\underline{M}^{(m)}(a,b)$ 为该随机序列向下穿 a 的极小总期望幅度。因为 $\frac{[E(X_m-a)^+-E(X_0-a)^+]}{(b-a)}$ 及 $\frac{[E(X_0\wedge a)-E(X_m\wedge a)]}{(b-a)}$ 分别表示随机序列 $\{X_k,0\leqslant k\leqslant m\}$ 上穿 b 和下穿 a 的最

高次数，$\dfrac{\sum_{k=0}^{m} E[X_k - b]^+}{m}$ 及 $\dfrac{\sum_{k=0}^{m} E[X_m - a]^-}{m}$ 分别为该序列平均每周期上穿 b 和下穿 a 的期望幅度，所以 $\overline{M}^{(m)}(a,b)$ 及 $\underline{M}^{(m)}(a,b)$ 分别度量了随机序列 $\{X_k, k \geqslant 0\}$ 在未来的 m 个周期内向上穿 b 的最高总期望幅度和向下穿 a 的最低总期望幅度。因此，利用 $\overline{M}^{(m)}(a,b)$ 及 $\underline{M}^{(m)}(a,b)$ 可以刻画系统的扰动性的变化趋势。

可见，联合上下穿区间的次数及总期望幅度所构成的系统的评估体系，含有的风险信息量更大，更能反映客观现实。如当 $\underline{M}^{(m)}(a,b)$ 的取值较大而 $|\underline{M}^{(m)}(a,b)|$ 的值却很小时，表明库存系统在运行的过程中面临一定风险，但其风险性不是很大，这是由向下穿 a 的绝对总期望幅度 $|\underline{M}^{(m)}(a,b)|$ 较小所致。于是，结合上下穿的次数的上限值及极大极小总期望幅度，当 $\{X_m, m \geqslant 0\}$ 关于 $\{Y_m, m \geqslant 0\}$ 为一个下鞅时，可以建立一个由二元指标集组成的风险评估体系：

$$\overline{\mathscr{R}} =: \left\{ \frac{E[X_m - a]^+ - E[X_0 - a]^+}{b-a}, \overline{M}^{(m)}(a,b) \right\}, \tag{5.8}$$

并将之称为上穿风险评估体系，其中 $\overline{\mathscr{R}}$ 的前指标评估系统在未来的一定周期内，超出所设定的目标值的期望次数的上界值；其后指标评估系统偏离目标值的总期望幅度。

同理，当 $\{X_m, m \geqslant 0\}$ 关于 $\{Y_m, m \geqslant 0\}$ 为一个上鞅时，可给出一个与之相应的下穿风险评估体系：

$$\overline{\mathscr{R}} =: \left\{ \frac{E[X_0 \wedge b] - E[X_m \wedge b]}{b-a}, \underline{M}^{(m)}(a,b) \right\}。 \tag{5.9}$$

因为随机序列 $\{X_m, m \geqslant 0\}$ 关于 $\{Y_m, m \geqslant 0\}$ 为上（下）鞅时，其下个周期的期望值总是低于（高于）或等于当前的变量取值，即 $E(X_{m+1})$ 相对 X_m 的取值而言具有下降（上升）的趋势性，所以作为决策者，最关心的是 $\{X_m, m \geqslant 0\}$ 上（下）穿某个目标值的最高次数。因此，当系统为下（上）鞅时，运用上（下）穿风险评估体系来评估系统所承担的风险性是合理的。然而，当随机序列 $\{X_m, m \geqslant 0\}$ 关于 $\{Y_m, m \geqslant 0\}$ 为鞅时，有 $E(X_{m+1} | Y_0, Y_1, \cdots, Y_m) = X_m$，故该随机序列在未来的每周期所获得的报酬相对 X_m 的取值而言具有平稳的性态。因此，没有必要运用上（下）穿风险评估体系来评估系统所具有的风险性。

5.3.3 鞅风险库存系统的判别方法

设 $Q_n^*(j_n | i_n)$ 为产品 n 的质量水平从状态 i_n 转移到 j_n 时的最优订购量，结合命题

5.2 的结论，可知该系统历经一步转移后的最优期望利润为 $\sum_{j_n \in S} p_{i_n j_n}^{(n)}(1) E[\Omega_n(Q_n^*(Z_{n(k+1)} = j_n | Z_{nk} = i_n))]$，这里将之简记为 $\Psi_n(i_n)$。以下先给出鞅风险库存系统的基本概念。

定义 3.5　设 $\{Z_{nk}, k \geq 0\}$ 表示多产品库存系统中的一个随机过程，令 $Y_{nk} = \Psi_n(Z_{nk})$，若对于任意 $n \in \{1,2,\cdots,N\}$，$\{Y_{nk}\}$ 为关于 $\{Z_{nk}, k \geq 0\}$ 具有鞅性（上鞅、下鞅或鞅），则统称之为一个鞅风险库存系统（模型）。

因为上述的风险评估体系是以鞅的理论为基础的，所以当使用该评估体系作为某个系统的风险评估指标时，需要考虑该系统是否满足鞅的基本条件。因此，接下来主要给出库存模型的鞅性的判定方法。

命题 5.3　设随机序列 $\{Z_{nk}, k \geq 0\}$ 为产品 n 的一个质量水平过程，并且满足马氏性。

$$\Delta_n = \sum_{j_n \in S} (p_{Z_{nk} j_n}^{(n)}(2) - p_{Z_{nk} j_n}^{(n)}(1)) E[\Omega_n(Q_n^*(j_n | Z_{nk}))], \qquad Y_{nk} = \Psi_n(Z_{nk})。$$

若 $E|[\Omega_n(Q_n^*(j_n | i_n))]| \leq M$，则：

（ⅰ）当 $\Delta_n \leq 0$ 时，$\{Y_{nk}, k \geq 0\}$ 关于 $\{Z_{nk}, k \geq 0\}$ 为一个上鞅；

（ⅱ）当 $\Delta_n \geq 0$ 时，$\{Y_{nk}, k \geq 0\}$ 关于 $\{Z_{nk}, k \geq 0\}$ 为一个下鞅；

（ⅲ）当 $\Delta_n = 0$ 时，$\{Y_{nk}, k \geq 0\}$ 关于 $\{Z_{nk}, k \geq 0\}$ 为一个鞅。

证明： 由Holder 积分不等式，可知

$$|E[\Omega_n(Q_n^*(j_n | i_n))]| \leq E(|[\Omega_n(Q_n^*(j_n | i_n))]|),$$

故当 $E|[\Omega_n(Q_n^*(j_n | i_n))]| \leq M$ 时，有：$-\infty < E[\Omega_n(Q_n^*(j_n | i_n))] < \infty$。又因为 $Y_{nk}^- = Y_{nk} - |Y_{nk}|$ 及 $Y_{nk}^+ = Y_{nk} + |Y_{nk}|$，所以 $E(Y_{nk}^-) = E(Y_{nk}) - E(|Y_{nk}|) > -\infty$ 及 $E(Y_{nk}^+) = E(Y_{nk}) + E(|Y_{nk}|) < \infty$，故有：$-\infty < EY_{nk}^-, EY_{nk}^+ < \infty$ 及 $E|Y_{nk}| < \infty$ 成立。显然，Y_{nk} 为一个关于 $Z_{n0}, Z_{n1}, \cdots, Z_{nk}$ 的函数。又因为 $\{Z_{nk}, k \geq 0\}$ 满足马氏性，所以

$$\begin{aligned}
&E[Y_{n(k+1)} | Z_{n0}, Z_{n1}, \cdots, Z_{nk}] \\
&= E[\Psi_n(Z_{n(k+1)}) | Z_{n0}, Z_{n1}, \cdots, Z_{nk}] = E[\Psi_n(Z_{n(k+1)}) | Z_{nk}] \\
&= \sum_{i \in S} \Psi_n(i) P(Z_{n(k+1)} = i | Z_{nk}) = \sum_{i \in S} p_{Z_{nk} i}^{(n)}(1) \Psi(i) \\
&= \sum_{i \in S} p_{Z_{nk} i}^{(n)}(1) \{\Psi_n(i) + E[\Omega_n(Q_n^*(i | Z_{nk}))] - E[\Omega_n(Q_n^*(i | Z_{nk}))]\} \\
&= \sum_{i \in S} p_{Z_{nk} i}^{(n)}(1) E[\Omega_n(Q_n^*(i | Z_{nk}))] + \sum_{i \in S} p_{Z_{nk} i}^{(n)}(1) \{\Psi_n(i) - E[\Omega_n(Q_n^*(i | Z_{nk}))]\}。
\end{aligned}$$

于是，根据 $\Psi(i_n) = \sum_{j_n \in S} p_{i_n j_n}^{(n)}(1) E[\Omega_n(Q_n^*(j_n | i_n))]$，可得：

$$E[Y_{n(k+1)} | Z_{n0}, Z_{n1}, \cdots, Z_{nk}]$$

$$= Y_{nk} + \sum_{i \in S} p_{Z_{nk}i}^{(n)}(1)\{ \sum_{j_n \in S} p_{ij_n}^{(n)}(1)E[\Omega_n(Q_n^*(j_n|i))] - E[\Omega_n(Q_n^*(i|Z_{nk}))]\}$$

$$= Y_{nk} + \sum_{i \in S}\sum_{j_n \in S} p_{Z_{nk}i}^{(n)}(1)p_{ij_n}^{(n)}(1)E[\Omega_n(Q_n^*(j_n|i))] - \sum_{i \in S} p_{Z_{nk}i}^{(n)}(1)E[\Omega_n(Q_n^*(i|Z_{nk}))]。$$

再根据 Chapman-Kolmogorov 方程[192]，可知：

$$\sum_{i \in S} p_{Z_{nk}i}^{(n)}(1)p_{ij_n}^{(n)}(1) = p_{Z_{nk}j_n}^{(n)}(2)。$$

又因为 $\sum_{i \in S} p_{Z_{nk}i}^{(n)}(1)E[\Omega_n(Q_n^*(i|Z_{nk}))]$ 等价于 $\sum_{j_n \in S} p_{Z_{nk}j_n}^{(n)}(1)E[\Omega_n(Q_n^*(j_n|Z_{nk}))]$，所以

$$E[Y_{n(k+1)}|Z_{n0},Z_{n1},\cdots,Z_{nk}] = Y_{nk} + \sum_{j_n \in S}(p_{Z_{nk}j_n}^{(n)}(2) - p_{Z_{nk}j_n}^{(n)}(1))E[\Omega_n(Q_n^*(j_n|Z_{nk}))]$$
$$= Y_{nk} + \Delta_n。$$

因此，当 $\Delta_n \leqslant 0$ 时，有：$E[Y_{n(k+1)}|Z_{n0},Z_{n1},\cdots,Z_{nk}] \leqslant Y_{nk}$，故 $\{Y_{nk},k \geqslant 0\}$ 关于 $\{Z_{nk}, k \geqslant 0\}$ 为一个上鞅。同理，可证得（ⅱ）及（ⅲ）的结论。证毕。

根据命题 5.3 的结论可知，由库存系统中产品 n 的最优期望利润所构成的随机过程 $\{Y_{nk} = \Psi_n(Z_{nk}),k \geqslant 0\}$，关于马氏质量过程 $\{Z_{nk},k \geqslant 0\}$ 是否为鞅，取决于 Δ_n 与零之间的关系。由 Δ_n 的表达式可知，该式取值的大小与转移概率及最优期望利润有关，因此给系统的鞅性的判定带来一定的难度。为此，接下来研究加强命题的成立条件，给出简单判别方法。

命题 5.4 设产品 n 的马氏质量过程 $\{Z_{nk} = i, i \in \boldsymbol{S}\}$ 的 k 步转移概率矩阵为

$$\boldsymbol{P}_n(k) = (p_{ij}^{(n)}(k))_{S\times S}, i,j \in \boldsymbol{S}, \qquad Y_{nk} = \Psi_n(Z_{nk})。$$

今记 $\boldsymbol{P}_n^2(1) - \boldsymbol{P}_n(1) = (q_{ht})_{S\times S}, 1 \leqslant h,t \leqslant S$。若 $|E[\Omega_n(Q_n^*(j_n|i_n))]| \leqslant M$，那么当 $\boldsymbol{P}_n(1)$ 为幂等矩阵时，$\{Y_{nk},k \geqslant 0\}$ 关于 $\{Z_{nk},k \geqslant 0\}$ 为一个鞅。

证明： 因为 $|E[\Omega_n(Q_n^*(j_n|i_n))]| \leqslant M$，所以有 $E|Y_{nk}| < \infty$ 成立。由 Chapman-Kolmogorov 方程，可知：$\boldsymbol{P}_n(2) = \boldsymbol{P}_n^2(1)$，故 $(p_{Z_{nk}j_n}^{(n)}(2) - p_{Z_{nk}j_n}^{(n)}(1))$ 为矩阵 $\boldsymbol{P}_n^2(1) - \boldsymbol{P}_n(1)$ 中的元素之一。因此，当概率矩阵 $\boldsymbol{P}_n(1)$ 为幂等矩阵时，有：

$$\boldsymbol{P}_n^2(1) - \boldsymbol{P}_n(1) = \boldsymbol{P}_n(1) - \boldsymbol{P}_n(1) = (0)_{S\times S},$$

故 $\Delta_n = 0$。因此，$\{Y_{nk},k \geqslant 0\}$ 关于 $\{Z_{nk},k \geqslant 0\}$ 为一个鞅。证毕。

相对命题 5.3 所给出的判别式而言，命题 5.4 提出的判别方法更为简单，但其成立的条件比较苛刻。后者主要在命题的假设条件成立下，从转移概率矩阵的单一视角（不考虑 Δ_n 中的 $E[\Omega_n(Q_n^*(j_n|Z_{nk}))]$ 的取值大小），提出了多产品多周期库存系统关于马氏质量过程是否具有鞅性的简便判别方法。事实上，若设 $\boldsymbol{P}_n(1) = (p_{ht})_{S\times S}$，则

$$\boldsymbol{P}_n^2(1) - \boldsymbol{P}_n(1) = (\sum_{i \in S} p_{hi}p_{it} - p_{ht})_{S\times S}。$$

又因为 $\sum_{i\in S} p_{hi} = 1$，所以只要对于任意 $i \in \boldsymbol{S}$，有 $p_{it} = p_{ht}$ 成立，则有 $\boldsymbol{P}_n^2(1) - \boldsymbol{P}_n(1) = (0)_{S\times S}$。因此，当设置 p_{it} 与 p_{ht} 的取值相等时，也就可以构建一个满足鞅性的系统。由此可见，利用命题 5.4 的结论，在理论上易构建鞅库存系统，以便于数值算例分析。

5.3.4 上下穿风险评估体系的解析式

今定义：

$$\boldsymbol{S}^+ = \{j | E[\Omega_n(Q_n^*(Z_{n(k+1)} = j | i))] - c \geqslant 0; i,j \in \boldsymbol{S}\},$$

$$\boldsymbol{S}^- = \{j | E[\Omega_n(Q_n^*(Z_{n(k+1)} = j | i))] - c \leqslant 0; i,j \in \boldsymbol{S}\}。$$

为了便于运用上下穿风险评估体系作为风险库存系统的分析工具，以下主要研究给出该体系具体的解析式。

命题 5.5 设产品 n 的质量水平过程 $\{Z_{nk} = i, i \in \boldsymbol{S}\}$ 满足马氏性，该过程的 k 步转移概率矩阵为 $\boldsymbol{P}_n(k) = (p_{ij}^{(n)}(k))_{S\times S}, i,j \in \boldsymbol{S}$，初始概率分布 $\boldsymbol{\pi}(0) = (\pi_1(0), \pi_2(0), \cdots, \pi_S(0))$。若 $Y_{nk} = \Psi_n(Z_{nk})$ 和初始状态 $Z_{n0} = i_{n0}$，则对于系统设定的目标区间 (a,b)，可得出以下结论：

（ⅰ）当 $\{Y_{nk}, k \geqslant 0\}$ 关于 $\{Z_{nk}, k \geqslant 0\}$ 为一个下鞅时，随机过程 $\{Y_{nk}\}$ 的上穿风险评估体系为：

$$\overline{\mathscr{R}_n} = \left\{\frac{E[Y_{nm} - a]^+ - E[Y_{n0} - a]^+}{b - a}, \overline{M}^{(m)}(a,b)\right\}, \tag{5.10}$$

其中 $\overline{M}^{(m)}(a,b)$ 如定义 5.4 所示，并且对于 $\forall c \in \mathbf{R}$，有：

$$E[Y_{nm} - c]^+ = \sum_{j_n \in S^-} p_{i_{n0}j_n}^{(n)}(m+1)\{E[\Omega_n(Q_n^*(Z_{n(m+1)} = j_n | i_{n0}))] - c\}。$$

（ⅱ）当 $\{Y_{nk}, k \geqslant 0\}$ 关于 $\{Z_{nk}, k \geqslant 0\}$ 为一个上鞅时，随机过程 $\{Y_{nk}\}$ 的下穿风险评估体系为：

$$\underline{\mathscr{R}_n} = \left\{\frac{E[Y_{n0} \wedge b] - E[Y_{nm} \wedge b]}{b - a}, \underline{M}^{(m)}(a,b)\right\}, \tag{5.11}$$

其中 $\underline{M}^{(m)}(a,b)$ 如定义 5.4 所示，并且对于 $\forall c \in \mathbf{R}$，有：

$$E[Y_{nm} \wedge c]^+ = \sum_{j_n \in S^+} p_{i_{n0}j_n}^{(n)}(m+1)c + \sum_{j_n \in S^-} p_{i_{n0}j_n}^{(n)}(m+1)E[\Omega_n(Q_n^*(Z_{n(m+1)} = j_n | i_{n0}))]。$$

证明：（ⅰ）因为

$$Y_{nk} = \Psi_n(Z_{nk}) = \sum_{j_n \in S} p_{Z_{nk}j_n}^{(n)}(1)E[\Omega_n(Q_n^*(Z_{n(k+1)} = j_n | Z_{nk}))],$$

所以由 Chapman-Kolmogorov 方程，可知：

$$Y_{nk} = \sum_{j_n \in S} p_{i_{n0}j_n}^{(n)}(k+1)E[\Omega_n(Q_n^*(Z_{n(k+1)} = j_n | i_{n0}))]。$$

因此，对于 $\forall c \in \mathbf{R}$，有：

$$\begin{aligned} E[Y_{nk} - c]^+ &= E\{\sum_{j_n \in S} p_{i_{n0}j_n}^{(n)}(k+1)E[\Omega_n(Q_n^*(Z_{n(k+1)} = j_n | i_{n0}))] - c\}^+ \\ &= E\{\sum_{j_n \in S} p_{i_{n0}j_n}^{(n)}(k+1)E[\Omega_n(Q_n^*(Z_{n(k+1)} = j_n | i_{n0}))] - \sum_{j_n \in S} p_{i_{n0}j_n}^{(n)}(k+1)c\}^+ \\ &= \sum_{j_n \in S} p_{i_{n0}j_n}^{(n)}(k+1)E\{E[\Omega_n(Q_n^*(Z_{n(k+1)} = j_n | i_{n0}))] - c\}^+。 \end{aligned}$$

又因为

$$E\{E[\Omega_n(Q_n^*(Z_{n(k+1)} = j_n | i_{n0}))] - c\}^+ = \sum_{j_n \in S^+} p_{i_{n0}j_n}^{(n)}(k+1)E[\Omega_n(Q_n^*(Z_{n(k+1)} = j_n | i_{n0}))] - c\},$$

$$\sum_{j_n \in S} p_{i_{n0}j_n}^{(n)}(k+1) = 1,$$

所以

$$E[Y_{nk} - c]^+ = \sum_{j_n \in S^+} p_{i_{n0}j_n}^{(n)}(k+1)\{E[\Omega_n(Q_n^*(Z_{n(k+1)} = j_n | i_{n0}))] - c\}。$$

于是，由上穿不等式，分别令 c 等于 a 或 b，可得随机序列 $\{Y_{nk}, 0 \leqslant k \leqslant m\}$ 上穿区间 (a,b) 次数的上限值或穿越端点 b 的幅度。由此，将上穿该区间次数的上限值及 $\overline{M}^{(m)}(a,b)$ 代入（5.8）式，即可得出该随机过程的上穿风险评估体系的解析式。

（ⅱ）因为当 $j_n \in S^+$ 时，有：

$$E[\Omega_n(Q_n^*(Z_{n(k+1)} = j_n | i_{n0}))] \wedge c = c;$$

当 $j_n \in S^-$ 时，有：

$$E[\Omega_n(Q_n^*(Z_{n(k+1)} = j_n | i_{n0}))] \wedge c = E[\Omega_n(Q_n^*(Z_{n(k+1)} = j_n | i_{n0}))]。$$

所以

$$\begin{aligned} &E\{E[\Omega_n(Q_n^*(Z_{n(k+1)} = j_n | i_{n0}))] \wedge c\} \\ &\quad = \sum_{j_n \in S^+} p_{i_{n0}j_n}^{(n)}(k+1)c + \sum_{j_n \in S^-} p_{i_{n0}j_n}^{(n)}(k+1)E[\Omega_n(Q_n^*(Z_{n(k+1)} = j_n | i_{n0}))]。 \end{aligned}$$

又因为对于 $\forall c \in \mathbf{R}$，有：

$$\begin{aligned} E[Y_{nk} \wedge c] &= E\{\sum_{j_n \in S} p_{i_{n0}j_n}^{(n)}(k+1)E[\Omega_n(Q_n^*(Z_{n(k+1)} = j_n | i_{n0}))] \wedge \sum_{j_n \in S} p_{i_{n0}j_n}^{(n)}(k+1)c\} \\ &= \sum_{j_n \in S} p_{i_{n0}j_n}^{(n)}(k+1)E\{E[\Omega_n(Q_n^*(Z_{n(k+1)} = j_n | i_{n0}))] \wedge c\}, \end{aligned}$$

所以

$$E[Y_{nk} \wedge c] = \sum_{j_n \in S^+} p_{i_{n0}j_n}^{(n)}(k+1)c + \sum_{j_n \in S^-} p_{i_{n0}j_n}^{(n)}(k+1)E[\Omega_n(Q_n^*(Z_{n(k+1)} = j_n | i_{n0}))]。$$

于是，令 c 等于 a 或 b，代入（5.9）式中相关的参数，就可以得随机序列 $\{Y_{nk}, 0 \leqslant$

$k \leqslant m\}$ 的上穿风险评估体系的解析式。证毕。

上下穿评估体系给出了度量库存系统的扰动性的理论工具，为库存系统的风险决策提供了新的分析理论和方法。命题 5.5 的主要意义在于给出了上下穿评估体系的具体的解析式，为得出随机过程 $\{Y_{nk}, 0 \leqslant k\}$ 在未来 m 个周期内穿越区间 (a,b) 的次数的上限值以及穿越其两端点的总期望幅度，提供了具体的计算方法。由此，也说明上下穿风险评估体系作为风险库存系统的分析工具，具有良好的可行性及操作性。

5.4　数值算例分析

为了便于模型的模拟分析，本算例仅考虑由 A、B 和 C 等三种产品组成的多产品风险厌恶库存系统，并根据各产品的缺陷率的大小，将其质量水平统一划分为 3 个状态，即状态集 $\boldsymbol{S} = \{1,2,3\}$。由模型的假设，不妨假设供应能力和需求的随机变量在不同质量水平的状态下，它们的概率密度分别如表 5.1 及 5.2 所示，其中伽玛函数 $\Gamma(\alpha) = \int_0^{+\infty} x^{\alpha-1} \mathrm{e}^{-x} \mathrm{d}x$。

表 5.1　不同的质量水平下需求变量的概率密度

状态	A 产品	B 产品	C 产品
1	$f_{X_{1(1)}}(x) = \begin{cases} 1/200 & x \in [0,200] \\ 0 & \text{其他} \end{cases}$	$f_{X_{2(1)}}(x) = \begin{cases} 1/200 & x \in [0,200] \\ 0 & \text{其他} \end{cases}$	$f_{X_{3(1)}}(x) = \begin{cases} 1/200 & x \in [0,200] \\ 0 & \text{其他} \end{cases}$
2	$f_{X_{1(2)}}(x) = \begin{cases} 1/300 & x \in [0,300] \\ 0 & \text{其他} \end{cases}$	$f_{X_{2(2)}}(x) = \begin{cases} 1/220 & x \in [0,220] \\ 0 & \text{其他} \end{cases}$	$f_{X_{3(2)}}(x) = \begin{cases} 1/250 & x \in [0,250] \\ 0 & \text{其他} \end{cases}$
3	$f_{X_{1(3)}}(x) = \begin{cases} 1/400 & x \in [0,400] \\ 0 & \text{其他} \end{cases}$	$f_{X_{2(3)}}(x) = \begin{cases} 1/240 & x \in [0,240] \\ 0 & \text{其他} \end{cases}$	$f_{X_{3(3)}}(x) = \begin{cases} 1/300 & x \in [0,300] \\ 0 & \text{其他} \end{cases}$

表 5.2　不同的质量水平下供应能力的概率密度

状态	A 产品	B 产品	C 产品
1	$\varphi_{W_{1(1)}}(w) = \begin{cases} \dfrac{0.04^2 w}{\Gamma(2)\mathrm{e}^{0.04w}} & w \geqslant 0 \\ 0 & w < 0 \end{cases}$	$\varphi_{W_{2(1)}}(w) = \begin{cases} \dfrac{0.035^2 w}{\Gamma(2)\mathrm{e}^{0.035w}} & w \geqslant 0 \\ 0 & w < 0 \end{cases}$	$\varphi_{W_{3(1)}}(w) = \begin{cases} \dfrac{0.045^2 w}{\Gamma(2)\mathrm{e}^{0.045w}} & w \geqslant 0 \\ 0 & w < 0 \end{cases}$

续表 5.2

状态	A 产品	B 产品	C 产品
2	$\varphi_{W_{1(2)}}(w)=\begin{cases}\dfrac{0.03^2 w}{\Gamma(2)\mathrm{e}^{0.03w}} & w\geqslant 0\\ 0 & w<0\end{cases}$	$\varphi_{W_{2(2)}}(w)=\begin{cases}\dfrac{0.03^2 w}{\Gamma(2)\mathrm{e}^{0.03w}} & w\geqslant 0\\ 0 & w<0\end{cases}$	$\varphi_{W_{3(2)}}(w)=\begin{cases}\dfrac{0.025^2 w}{\Gamma(2)\mathrm{e}^{0.025w}} & w\geqslant 0\\ 0 & w<0\end{cases}$
3	$\varphi_{W_{1(3)}}(w)=\begin{cases}\dfrac{0.02^2 w}{\Gamma(2)\mathrm{e}^{0.02w}} & w\geqslant 0\\ 0 & w<0.\end{cases}$	$\varphi_{W_{2(3)}}(w)=\begin{cases}\dfrac{0.025^2 w}{\Gamma(2)\mathrm{e}^{0.025w}} & w\geqslant 0\\ 0 & w<0\end{cases}$	$\varphi_{W_{3(3)}}(w)=\begin{cases}\dfrac{0.02^2 w}{\Gamma(2)\mathrm{e}^{0.02w}} & w\geqslant 0\\ 0 & w<0\end{cases}$

显然，对于任意 $i\in\boldsymbol{S}$ 及 $n(1\leqslant n\leqslant N)$，以上的概率密度满足命题 5.1 成立的基本条件，因此在给定的相关概率密度下，模型的最优解具有唯一性。

5.4.1 模型的最优数值解

现将表 5.1、表 5.2 中各产品需求变量和供应能力的概率密度以及表 5.3 中的模型参数及转移概率矩阵，分别代入（5.4）式、（5.5）式，可得在一定风险厌恶及初始状态下，多产品库存系统在未来的 6 个周期不同周期内的最优订购策略和期望利润。具体的数值实验的结果详见表 5.3 所示，这里假定产品的成本参数、收益目标及风险厌恶因子在不同的周期内保持不变。

表 5.3 一定风险厌恶及初始状态下模型的最优数值解

	A 产品			B 产品			C 产品			总利润
模型参数值	$\eta_{1k}=0.15,\ i_{10}=2,$ $\Omega_{1k}^{(0)}=1000,\ R_{1k}=260,$ $C_{1k}=150,\ V_{1k}=15$			$\eta_{2k}=0.16,\ i_{20}=1,$ $\Omega_{2k}^{(0)}=1100,\ R_{2k}=265,$ $C_{2k}=125,\ V_{2k}=13$			$\eta_{3k}=0.17,\ i_{30}=3,$ $\Omega_{3k}^{(0)}=1200,\ R_{3k}=270,$ $C_{3k}=135,\ V_{3k}=11$			
转移概率矩阵	0.25	0.30	0.45	0.85	0.10	0.05	1.00	0.00	0.00	
	0.25	0.30	0.45	0.10	0.75	0.15	0.10	0.55	0.35	
	0.25	0.30	0.45	0.00	0.00	1.00	0.10	0.10	0.80	

周期 k	A 最优期望订购量	A 最优期望利润	B 最优期望订购量	B 最优期望利润	C 最优期望订购量	C 最优期望利润	总利润
1	118.6	8419.3	85.7	8243.5	143.8	12838.3	29501.1
2	118.6	8419.3	91.4	8538.3	133.9	11996.1	28953.7

续表 5.3

周期 k	A 产品		B 产品		C 产品		总利润
	最优期望订购量	最优期望利润	最优期望订购量	最优期望利润	最优期望订购量	最优期望利润	
3	118.6	8419.3	96.2	8803.5	125.7	11310.2	28533.0
4	118.6	8419.3	100.2	9042.6	118.6	10722.0	28183.9
5	118.6	8419.3	103.7	9259.3	112.3	10209.1	27887.7
6	118.6	8419.3	106.6	9455.4	106.7	9754.3	27629.0
合计	711.6	50515.8	583.8	53342.6	741.0	66830.0	170688.4

根据表 5.3 中的数值实验的结果可知，在一定的质量水平的初始状态、目标利润及风险厌恶下各产品的利润曲线运动的趋势。A 产品在未来每个周期的最优期望利润都保持在平稳之值，决策者在风险厌恶程度不超过 0.15 以及目标利润不高于 1000 的情况下，在任意周期内所获取 A 产品的最优期望利润为 8419.3。显然，B 产品的最优期望利润随着周期数的变大而增大，C 产品正好具有和 B 产品相反的属性。同时，可知多产品风险厌恶型库存系统的总期望利润，在各产品的最优决策下随着周期数的增大而具有下降的趋势。以下主要运用鞅理论来分析这种现象产生的背后原因。

因为 A 产品质量水平的一步转移概率矩阵为：

$$\boldsymbol{P}_1 = \begin{pmatrix} 0.25 & 0.30 & 0.45 \\ 0.25 & 0.30 & 0.45 \\ 0.25 & 0.30 & 0.45 \end{pmatrix},$$

所以对于任意 $m \in \mathbf{N}$，有 $\boldsymbol{P}_1^m = \boldsymbol{P}_1$，故 $\boldsymbol{P}_1$ 为幂等矩阵。因此，根据命题 5.4 所得出的结论可知，由 A 产品每周期的利润所构成的系统 $\{Y_{1k} = \Psi_1(Z_{1k})\}$ 关于质量水平过程 $\{Z_{1k}\}$ 为一个鞅，故 $E[Y_{1(k+1)} | Z_{10}, Z_{11}, \cdots, Z_{1k}] = Y_{1k}$，所以该系统的最优期望利润在未来的每个周期内保持在平稳之值。

由（5.5）式中的 $E[\Omega_n(Q_n^*(j_{nk} | i_{n0}))]$ 的表达式可知，当 B 产品的质量水平由初始状态 $i_{20} = 1$ 历经一步（$k = 1$）后分别转移到状态 1、2 及 3 时，该系统的销售利润为 $(7914.4, 9435.8, 11454.0)^T$，这里将之记为 $\boldsymbol{\alpha}_2$。再根据表 5.3 可知，B 产品的质量水平的转移概率矩阵为 $\boldsymbol{P}_2 = \begin{pmatrix} 0.85 & 0.10 & 0.05 \\ 0.10 & 0.75 & 0.15 \\ 0.00 & 0.00 & 1.00 \end{pmatrix}$，故有 $(\boldsymbol{P}_2^2 - \boldsymbol{P}_2)\boldsymbol{\alpha}_2 = (294.8,$

$145.9, 0.0)^T$。因此，$\Delta_2 \geqslant 0$。根据命题5.3的结论可知，由B产品的每周期利润所构成的系统$\{Y_{2k} = \Psi_2(Z_{2k})\}$关于其质量水平过程$\{Z_{2k}\}$为一个下鞅，所以$B$产品的最优期望利润具有上升的趋势。同理，根据$C$产品质量水平的转移概率矩阵可知，$\{Y_{3k} = \Psi_3(Z_{3k})\}$关于其质量水平过程$\{Z_{3k}\}$为一个上鞅，因此其最优期望利润具有下降的趋势。然而，由表5.3中的B及C产品的数值实验结果可知，由于B产品的最优期望利润的上升速度小于C产品的下降速度，因此多产品系统的总期望利润曲线具有下降的趋势。

5.4.2 风险厌恶因子和模型最优解之间的敏感性分析

为了消除供应能力和需求的差异性对最优解的影响，以便揭示风险厌恶因子η和模型最优解之间的关联性，这里不妨假设各产品质量水平的转移概率矩阵为单位矩阵。于是，结合表5.1及表5.2所给出的供与需变量的概率密度，将表5.4中的相关参数分别代入（5.4）式、（5.5）式，可得在不同风险厌恶因子下多产品库存系统的最优期望订购量及期望利润，详见表5.4所示。

表5.4 一定初始状态及目标利润下风险厌恶因子对最优解的影响

<table>
<tr><td rowspan="2">模型参数值</td><td colspan="2">A产品</td><td colspan="2">B产品</td><td colspan="2">C产品</td></tr>
<tr><td colspan="2">$i_{10}=2, \Omega_{1k}^{(0)}=1200$,
$R_{1k}=260, C_{1k}=150, V_{1k}=15$</td><td colspan="2">$i_{20}=3, \Omega_{2k}^{(0)}=1100$,
$R_{2k}=265, C_{2k}=125, V_{2k}=13$</td><td colspan="2">$i_{30}=2, \Omega_{3k}^{(0)}=1200$,
$R_{3k}=270, C_{3k}=135, V_{3k}=11$</td></tr>
<tr><td>转移概率矩阵</td><td colspan="2">1.00 0.00 0.00
0.00 1.00 0.00
0.00 0.00 1.00</td><td colspan="2">1.00 0.00 0.00
0.00 1.00 0.00
0.00 0.00 1.00</td><td colspan="2">1.00 0.00 0.00
0.00 1.00 0.00
0.00 0.00 1.00</td></tr>
<tr><td>η</td><td>最优期望订购量</td><td>最优期望利润</td><td>最优期望订购量</td><td>最优期望利润</td><td>最优期望订购量</td><td>最优期望利润</td></tr>
<tr><td>0.150</td><td>70.1</td><td>6936.4</td><td>90.6</td><td>11198.3</td><td>78.8</td><td>10643.0</td></tr>
<tr><td>0.154</td><td>76.2</td><td>7045.9</td><td>97.4</td><td>11287.0</td><td>84.1</td><td>10749.1</td></tr>
<tr><td>0.158</td><td>83.2</td><td>7143.8</td><td>105.1</td><td>11360.1</td><td>89.7</td><td>10843.3</td></tr>
<tr><td>0.160</td><td>87.2</td><td>7187.8</td><td>133.3</td><td>11454.0</td><td>93.0</td><td>10885.2</td></tr>
<tr><td>0.164</td><td>96.3</td><td>7264.5</td><td>133.3</td><td>11454.0</td><td>99.8</td><td>10958.1</td></tr>
<tr><td>0.168</td><td>134.7</td><td>7364.1</td><td>133.3</td><td>11454.0</td><td>130.3</td><td>11075.3</td></tr>
<tr><td>0.170</td><td>134.7</td><td>7364.1</td><td>133.3</td><td>11454.0</td><td>130.3</td><td>11075.3</td></tr>
</table>

根据表 5.4 中的数值实验的结果可知，在一定质量水平的初始状态、目标利润、供应能力和需求下各产品的最优期望订购量及期望利润与风险厌恶因子具有一定的正相关性，从而说明决策者的风险厌恶程度和模型的最优解之间的关系为负相关的。然而，随着厌恶因子进一步增大，各产品相应的最优值逐渐趋向于稳定值，其中相对 A 及 C 产品而言，B 产品的最优值到达风险中性化的临界点快一些，这主要由 B 产品的利润目标相对较低所致。由此可见，在风险厌恶因子对最优解的约束力逐渐减弱的过程中，库存系统的最优值也逐步趋向于稳定点，即相关的决策模型在厌恶因子逐步增大的影响下逐渐地风险中性化，但风险中性化的速率与决策者设定的目标利润值有关。利润目标值越大，决策模型的风险中性化的临界点就越高；否则反之。于是，综上所分析可以得出行为决策科学中的一个重要启示：思想越保守的决策者，风险决策中性化的临界点就越低，意味着该决策者在库存管理过程中的风险厌恶程度就越高。事实上，因为在现实的决策环境下，越保守的决策者所设定的预期收益目标相对就越低，所以结合模型（5.3）中的 VaR 约束条件 $Prob\{\Omega_n(Q_n(j_{nk}|i_{n0}))\leqslant\Omega_{nk}^{(0)}\}\leqslant\eta_{nk}$ 可知，当目标 $\Omega_{nk}^{(0)}$ 的取值越小时，风险厌恶因子的取值就越小，故风险厌恶程度就越高。

5.4.3　供应能力和需求与模型最优解之间的敏感性分析

因为随机变量的矩为概率分布的最主要特征数之一，可以间接反映总体的取值分布情况，故可以运用数学期望作为衡量各产品的供需能力的参数值。根据模型的假设可知，多产品库存系统的供应能力和需求与质量水平具有一定的关联性。因此，为了分析供应能力和需求对模型最优解的影响，这里不妨假设在随机质量水平的环境下，各产品的供应能力 W 都服从于伽玛分布 $Ga(\alpha,\xi)$，而其需求 X 都服从于均匀分布 $U(0,\zeta)$，故 $E(W)=\frac{\alpha}{\xi}$，$E(X)=\frac{\zeta}{2}$。因此，当 α 的取值为固定的常数时，产品的供应能力关于 ξ 为单调递减的函数，需求关于 ζ 为单调递增的函数。接下来主要以 ξ 及 ζ 的取值变化情况来描述供应能力和需求对模型最优解的影响。

表5.5　一定风险厌恶下供应能力及需求对模型的最优解的影响

模型参数值		A产品		B产品		C产品	
		$\eta_{1k}=0.15,\alpha=2,\Omega_{1k}^{(0)}=200,$ $R_{1k}=260,C_{1k}=150,V_{1k}=15$		$\eta_{2k}=0.14,\alpha=2,\Omega_{2k}^{(0)}=300,$ $R_{2k}=265,C_{2k}=125,V_{2k}=13$		$\eta_{2k}=0.13,\alpha=2,\Omega_{3k}^{(0)}=200,$ $R_{3k}=270,C_{3k}=135,V_{3k}=11$	
ξ	ζ	最优期望订购量	最优期望利润	最优期望订购量	最优期望利润	最优期望订购量	最优期望利润
0.060	100	34.5	3761.1	41.6	4640.3	35.0	4440.8
0.057	110	40.2	3953.6	61.1	4932.1	40.9	4695.6
0.054	120	53.9	4186.2	66.7	5198.4	47.3	4976.8
0.051	130	58.4	4423.6	72.2	5501.4	53.8	5287.2
0.048	140	62.9	4697.7	77.8	5846.7	73.5	5662.8
0.045	150	67.3	5014.9	83.3	6242.0	78.8	6045.6
0.042	160	71.8	5384.4	88.9	6698.0	84.0	6488.2
0.039	170	76.3	5818.8	94.4	7229.3	89.3	7004.8
0.036	180	80.8	6336.1	100.0	7856.0	94.6	7615.6

由伽玛及均匀分布的数学期望的表达式可知，当ξ的取值变小而ζ的取值增大时，库存系统中的供应能力和需求相应地提高。于是，联合表5.5中的数值实验的结果可知，在一定风险厌恶下模型的最优解与供应能力和需求具有正相关性。显然，这种相关性符合客观现实，也就是供应能力和需求对最优期望订购量及期望利润产生正面的影响。由此，也说明把“供应能力和需求依赖质量水平”的理念纳入经典的风险厌恶型库存模型框架，具有一定的可行性和有效性。

同时，由模型的假设可知，供应商提供的商品的质量水平对库存系统中的需求具有重要的关联性，而其所提供的货源量又制约着系统中的最优决策，故本小节的算例的结果更进一步表明：较于传统的风险厌恶型库存模型，新模型更能充分体现供应商提供商品的“质”和“量”对库存系统最优决策的重要性。于是，联合表5.3及表5.5的数值实验的结果，可得出一个重要的管理启示：库存系统的决策者可运用产品质量水平的转移概率矩阵来分析供应商的最优选择问题，以提高库存系统的运作绩效。事实上，根据表5.3可知，当库存系统关于质量水平为下鞅时，库存系统的未来每周期最优期望订购量及期望利润具有上升的趋势，从中也表明供应商所提供的商品质量水平有利于提高库存系统的供应能力和需求。因此，在成本参数无差异的条件下，订购该供应商所提供的产品是相对较优的选择。

5.4.4　库存系统的风险性分析

根据上述理论分析可知，运用上下穿某给定目标区间（a，b）的次数的上限值及极大极小总期望幅度，可描述库存系统的风险性，进而深入揭示系统在未来的演变趋势。现将表 5.1 及表 5.2 中的各产品需求变量及供应能力的概率密度以及表 5.6 中的模型参数及转移概率矩阵，分别代入（5.10）式、（5.11）式，可得各产品的最优期望利润在未来的 m 个周期内的向上穿或向下穿其相应的目标区间的次数的上限值及总期望幅度（详见表 5.6 所示），即上穿或下穿风险评估体系。

表 5.6　一定目标利润区间（a，b）下模型的风险性分析

模型参数值	A 产品			B 产品			C 产品		
	$(a,b)=(7500,8500)$ $\eta_{1k}=0.15, i_{10}=2, \Omega_{1k}^{(0)}=1000$, $R_{1k}=260, C_{1k}=150, V_{1k}=15$			$(a,b)=(9000,9500)$, $\eta_{2k}=0.16, i_{20}=1, \Omega_{2k}^{(0)}=1100$, $R_{2k}=265, C_{2k}=125, V_{2k}=13$			$(a,b)=(6000,9000)$, $\eta_{3k}=0.17, i_{30}=3, \Omega_{3k}^{(0)}=1200$, $R_{3k}=270, C_{3k}=135, V_{3k}=11$		
转移概率矩阵	1.00	0.00	0.00	0.85	0.10	0.05	1.00	0.00	0.00
	0.25	0.35	0.40	0.10	0.75	0.15	0.10	0.55	0.35
	0.45	0.25	0.30	0.00	0.00	1.00	0.10	0.10	0.80

周期数 m	下穿次数的上限值	极小总期望幅度	上穿次数的上限值	极大总期望幅度	下穿次数的上限值	极小总期望幅度
5	1.602	−2023.0	1.170	89.6	0.340	−26.2
10	1.895	−4069.1	2.400	334.7	0.605	−73.4
15	1.927	−4473.6	3.227	615.5	0.762	−117.0
20	1.930	−4654.7	3.757	868.3	0.855	−151.5
25	1.931	−4759.9	4.091	1075.6	0.909	−177.5
30	1.931	−4829.6	4.303	1239.1	0.941	−196.7
35	1.931	−4879.3	4.436	1366.5	0.961	−211.0
40	1.931	−4916.5	4.520	1465.8	0.972	−221.7
55	1.931	−4987.6	4.627	1655.6	0.985	−241.6
70	1.931	−5028.3	4.654	1759.3	0.987	−252.3

根据5.4.1小节的分析可知，由B和C产品的期望利润所构成的系统关于其质量水平分别为下鞅及上鞅。运用同样的判别方式，可获知A产品下的系统关于其质量水平为一个上鞅。因此，A和C产品下的系统应该采用下穿风险评估体系，B产品下的系统则采用上穿风险评估体系。由表5.6中的数值实验的结果可知，各产品下的系统穿越端点次数的上限值及总期望幅度。如A产品在70个周期内，向下穿目标区间(7500,8500)的下端点的最高次数等于1.931次，而其极小总期望幅度为－5028.3。同时可知，随着周期数m的增大，各产品下的系统穿越端点次数的上限值及总期望幅度也逐渐地趋于稳定，其中A产品下的系统相对其他两个产品而言收敛的速度比较快。因为系统运行的统计规律性是由其转移概率矩阵而定的，所以可通过转移概率矩阵的属性来解释这种收敛现象。事实上，根据表5.6所给定的转移概率矩阵可知，A产品历经30个周期后的转移概率矩阵（可利用MATLAB数学软件来实现）为：

$$\boldsymbol{P}_1(30)=\begin{pmatrix}1.00 & 0.00 & 0.00\\ 1.00 & 0.00 & 0.00\\ 1.00 & 0.00 & 0.00\end{pmatrix},$$

B和C产品的转移概率矩阵分别为：

$$\boldsymbol{P}_2(30)=\begin{pmatrix}0.05 & 0.03 & 0.92\\ 0.03 & 0.02 & 0.95\\ 0.00 & 0.00 & 1.00\end{pmatrix},\quad \boldsymbol{P}_3(30)=\begin{pmatrix}1.00 & 0.00 & 0.00\\ 0.96 & 0.01 & 0.03\\ 0.96 & 0.01 & 0.03\end{pmatrix}。$$

由此可见，A产品下的系统在未来30个周期内，其向下穿目标区间的次数的上限值已进入相对稳定的状态，而B和C产品下的系统虽也在逐步向概率值1收敛，但还处于随着周期数不断变化而发生演变的过程当中。

然而，在任意给定的周期内，A产品下的系统的绝对总期望幅度要比其他两个产品的大，这说明该产品的期望销售利润偏离预期目标值的振幅比较大，因此较于其他产品下的系统，在运行过程中所面临的风险程度也高一些。因为B产品下的系统具有下鞅性，所以在未来每周期所获得的期望销售利润相对当前利润值而言具有上升的趋势。同时，根据表5.6的数据结果可知，B产品在未来给定的周期内向上穿目标区间的次数的上限值及总期望幅度随着时间的增大，也在逐步地上升。因此，在三种产品中，B产品下的系统的收益水平是最好的，其在运行过程中所载荷的风险性也是最低的。从中说明：当鞅风险库存系统在未来给定的周期内向上穿目标区间的次数的上限值及极大总期望幅度越大时，其在运行过程中所面临的风险程度就越低；当鞅风险库存系统在未来给定的周期内向下穿目标区间的次数的上限值越大及其极小总期望幅度越小时，其在运行过程中所面临的风险程度就越高。由此可见，系统的可靠性可通过上（下）穿风险评估体系来进行刻画，进而获取系统在运行过程中可能出现的潜在风险信息。

5.5　本章小结

供应能力和需求是库存系统控制理论和方法的基础，其不确定性给库存系统优化与控制的研究带来一定的影响。然而，经典的库存模型不考虑供应能力和需求与质量水平之间的关联性对最优订购策略的影响。为此，本研究在假设供应能力和需求依赖质量水平的条件下，利用马氏理论描述了其质量随机波动的过程，并在 VaR 约束下建立了多产品多周期库存系统的优化与控制模型。同时，为了运用鞅理论分析库存系统在运行过程中所担负的风险性，并在鞅的基本概念的基础上提出了鞅风险库存系统的定义及其若干判别方法。同时，联合鞅论中的上下穿不等式及极大、极小总期望幅度等新概念给出了鞅风险库存系统的上下穿风险评估体系及其具体的解析式。在一定风险厌恶下，由新模型的结论及数值算例的结果，还可以得出如下重要的管理启示：

（1）当质量水平的波动性使得库存系统的供应能力和需求提高时，模型的最优解关于供应能力和需求为单调递增的。因为供应商所提供的商品质量水平对库存系统的需求具有重要的关联性，而其所提供的货源量又制约着系统的最优订购策略，因此，较于传统的风险厌恶模型，新模型更能充分体现供应商所提供商品的“质”和“量”对库存系统最优决策的重要性。

（2）当风险厌恶库存系统关于质量水平为上（下）鞅时，最优期望利润随着周期数的变大而减小（增大）；当库存系统关于质量水平为鞅时，最优期望利润曲线具有平稳的趋势。因此，决策者可以运用鞅论描述系统在未来运行过程中的相关走势，进而获取系统随机波动的基本信息，以提高库存决策的水平。

（3）当鞅风险库存系统在给定的周期内向上穿目标区间的次数的上限值及极大总期望幅度越大时，其在运行过程中所面临的风险程度就越低；当鞅风险库存系统在给定的周期内向下穿目标区间的次数的上限值越大及其极小总期望幅度越小时，其在运行过程中所面临的风险程度就越高。

第 6 章　多产品马氏质量过程下带融资能力和 VaR 约束的随机库存模型

6.1 引　言

在前面的研究内容中，我们主要在质量水平的初始状态的条件下，基于不同的风险度量准则以及需求是否依赖质量水平的假设，分别解决了多产品库存系统的优化与控制问题。然而，在实际问题中，由于决策环境受多重随机因素的干扰，使得产品的质量水平的数据信息处于非完备状态，以致产品缺陷率的概率密度难以估计。为此，本章主要在质量水平的初始状态及其概率密度为未知的条件下，围绕库存优化与控制问题，沿着模型完备化的方向，继续展开拓展性的研究工作。本章研究工作的意义与价值主要体现在以下两方面：

（1）对不完备质量下的产品的缺陷率进行更具有一般性的拓展。现有文献对产品的缺陷率的假设主要有两种：要么假设产品缺陷率为已知的固定常数，要么为一个其概率分布已知的随机变量。这两种假设有一个共同之处，就是把产品的缺陷率作为已知的。然而，在复杂随机环境下的实际生产中，产品的缺陷率为一个随机变量，并且很难确定其真实的分布函数。为此，本章在缺陷率为随机变量的前提条件下，假设其分布函数未知，并在格里汶科定理的基础上，结合马氏模型提出的一致逼近法（马氏随机逼近法），刻画在分布函数未知的情况下随机变量的运动规律。进而结合相关理论成果，指出马氏随机逼近法在随机库存系统优化和控制中的理论意义。

（2）在随机质量波动的环境下，将融资能力因素纳入模型（5.3）中，以完善多产品多周期风险库存系统的决策机制。模型（5.3）属于单约束条件的库存模型范畴，因此在其基础上加入融资能力的约束条件，完善了多约束下的多产品随机库存优化理论。

6.2　模型的构建

6.2.1　模型描述、符号说明和模型假设

由前文的分析得知，产品质量水平的波动性对供应能力和需求具有重要的影响，而质量水平的波动性可以通过缺陷率的随机性来刻画。但是，当假设产品的缺陷率为一个随机变量时，若其分布函数为未知的，则将无法得出质量水平的统计规律性，进而也没有办法刻画出质量水平施加于供应能力和需求的作用性。针对此问题，本章联合格里汶科定理和马氏模型提出一种新的一致逼近法，将产品的缺陷率进行马氏化，以获取质量水平的运动趋势，进而在假设供应能力和需求依赖质量水平的情况下，建立带有融资能力和 VaR 约束的多产品多周期库存模型。

为了方便问题的阐述，首先做以下符号说明：给定多产品库存系统的周期 $k=1,2,\cdots,K$；产品 $n=1,\cdots,N$；C_k 为多产品库存系统于第 k 周期的融资能力；D_n 为第 n 种产品缺陷率的随机变量，其具体在某处的取值相应记为 d_n；各产品质量的状态集 $\boldsymbol{S}=\{1,2,\cdots,S\}$，即根据产品质量的缺陷率 d_n 的大小，将其划分为 S 个状态以描述产品质量水平的高低，并称 $\{Z_{nk}=i, i\in\boldsymbol{S}\}$ 为由第 n 种产品缺陷率所导出的随机过程，其转移概率矩阵为 $\boldsymbol{P}_n=(p_{ij}^{(n)})_{S\times S}$；各产品于第 k 周期的销售价格、进货价格和单位残值分别为：

$$\boldsymbol{R}_k=(R_{1k},R_{2k},\cdots,R_{Nk}),\quad \boldsymbol{C}_k=(C_{1k},C_{2k},\cdots,C_{Nk}),\quad \boldsymbol{V}_k=(V_{1k},V_{2k},\cdots,V_{Nk})。$$

以下给出模型的基本假设，具体如下：

假设6.1：当第 n 种产品于第 k 周期的缺陷率 $D_n=d_n$ 时，其供应能力和需求分别为 $W_n(d_n)$ 和 $X_n(d_n)$，并且其概率密度分别为 $\varphi_{W_n(d_n)}(w)$ 及 $f_{X_n(d_n)}(x)$，相应的分布函数分别为 $\Phi_{W_n(d_n)}(w)$ 及 $F_{X_n(d_n)}(x)$，并假设 $\Phi_{W_{nk}(d_n)}(0)=F_{X_n(d_n)}(0)=0$。由此可见，库存系统未来每个周期的供应能力和需求的概率密度为关于产品缺陷率的函数。因此，只需根据产品的缺陷率分布情况，即可得出供应能力和需求的期望值。

假设6.2：产品的缺陷率为一个未知分布函数的随机变量。因为在许多随机环境下，很难根据现有的数据信息模拟出随机变量的总体分布函数，所以此假设有利于将模型的基础理论沿着一般化方向拓展。

假设6.3：由产品的缺陷率所导出的随机过程，其初始状态为未知的。因为在第3～5章中的模型是在质量水平的初始状态为已知的情况下提出来的，所以此假设条

件突出了本章的模型与前面章节中的模型的不同之处，也是本章的创新点之一。在数据挖掘的过程中常会遇到这样问题：系统在运行过程中遇到极端突发事件，使得当前所采集到的数据信息失真或删失，以致无法估计当前系统所处于的状态（初始状态）。一般情况下，因为在随机优化和控制系统中，其在未来周期的运行状态跟当前的状态有密切的关联性，所以当初始状态未知时，给系统运作管理的筹备工作带来极大的困难。因此，本假设具有重要的实际应用意义。

以下主要在随机质量波动的环境下，根据上述三个基本假设条件，构建带融资能力和 VaR 约束的多产品随机库存模型，并研究给出系统的最优订购策略。

6.2.2 马氏随机逼近法

为了刻画未知分布函数下随机变量内在的运动规律，接下来主要在概率论与数理统计的理论基础上，研究提出随机变量的概率分布的一致逼近法。

定义[197]**6.1** 设 $x_1, x_2, \cdots, x_m$ 是取自总体分布函数为 $G(x)$ 的样本，$x_{(1)}, x_{(2)}, \cdots, x_{(m)}$ 为其有序样本（即把样本按从小到大排列），令

$$G_m(x) = \begin{cases} 0 & x < x_{(1)} \\ \dfrac{k}{m} & x_{(k)} \leqslant x < x_{(k+1)} \qquad k = 1, 2, \cdots, m-1, \\ 0 & x \geqslant x_{(m)} \end{cases} \tag{6.1}$$

则称 $G_m(x)$ 为经验分布函数。

定理[197]**6.1（格里汶科定理）** 设 $x_1, x_2, \cdots, x_m$ 是取自总体分布函数为 $G(x)$ 的样本，$G_m(x)$ 为其相应的经验分布函数，则有：

$$P\left\{ \lim_{m \to \infty} \sup_{-\infty < x < +\infty} \left| G_m(x) - G(x) \right| = 0 \right\} = 1。 \tag{6.2}$$

因为经典的统计学中的一切统计推断都是以样本为依据，所以格里汶科定理奠定了统计学的理论基础。同时，由该结论可知，当样本的容量充分大时，经验分布函数 $G_m(x)$ 对总体分布函数 $G(x)$ 具有良好的一致逼近性。然而，由（6.1）式可知，经验分布函数 $G_m(x)$ 只能描述随机变量 X 落在某个区间内的概率分布情况，并未能度量出时间因素对随机变量取值的影响，即依时间由点 a_1 转移到点 a_2 的概率趋势。为此，针对经验分布函数的局限性，以下主要在格里汶科定理的理论基础上，结合马氏链给出新的逼近法。

不失理论上的实际应用性，不妨假设 X 为有界的随机变量，并且其取值区间为 $[a, b)$，其中 $a = t_0 < t_1 < \cdots < t_{S-1} < t_S = b$ 为区间 $[a, b)$ 的一个分割。于是，可根

据随机变量 X 的取值大小，将其划分成不同的状态，即定义随机变量的状态为：

$$i =: \{x \mid x \in [t_{i-1}, t_i), i = 1,2,\cdots,S\}。\tag{6.3}$$

其内涵就是把所有落在区间 $[t_{i-1}, t_i)$ 内的随机变量值统一抽象记为 i。这里将 $[t_{i-1}, t_i)$ 称为状态 i 的隶属区间，并记随机变量 X 的状态集为 $\boldsymbol{S} = \{1,2,\cdots,S\}$。

定义6.2　设 $\{Z_k = i, i \in \boldsymbol{S}; k = 0,1,2,\cdots\}$，其中 $i =: \{x \mid x \in [t_{i-1}, t_i), i = 1, 2,\cdots,S\}$，则称 $\{Z_k\}$ 为由随机变量 X 导出的一个随机过程，并简称之为 X 的导出过程。若 $\{Z_k\}$ 满足马氏性，即

$$P(Z_{k+1} = i_{k+1} \mid Z_0 = i_0, Z_1 = i_1, \cdots, Z_k = i_k) = P(Z_{k+1} = i_{k+1} \mid Z_k = i_k),$$

则称由 X 导出的随机过程为马氏过程。以下主要研究运用 X 的导出过程 $\{Z_k = i, k = 1,2,\cdots; i \in \boldsymbol{S}\}$ 的统计规律性来描述随机变量 X 的运动趋势。

定理6.2　设 $x_1, x_2, \cdots, x_m$ 是取自总体分布函数为 $G(x)$ 的样本，m_i 为该样本落在状态 i 的隶属区间 $[t_{i-1}, t_i)$ 内的次数（$i = 1,2,\cdots,S$），$G_m(x)$ 为其相应的经验分布函数，则有：

$$P\left\{\lim_{m\to\infty}\left(\sup_{t_i, t_{i-1}\in[a,b)}\left|\frac{m_i}{m} - (G(t_i) - G(t_{i-1}))\right|\right) = 0\right\} = 1。\tag{6.4}$$

证明：因为 m_i 为该样本落在状态 i 的隶属区间 $[t_{i-1}, t_i)$ 的次数，所以 $G_m(t_i) = \sum_{k=1}^{i}\frac{m_k}{m}$，故 $G_m(t_i) - G_m(t_{i-1}) = \frac{m_i}{m}$。因此，

$$\begin{aligned}\left|\frac{m_i}{m} - (G(t_i) - G(t_{i-1}))\right| &= |(G_m(t_i) - G_m(t_{i-1})) - (G(t_i) - G(t_{i-1}))| \\ &= |(G_m(t_i) - G(t_i)) - (G_m(t_{i-1}) - G(t_{i-1}))| \\ &\leqslant |G_m(t_i) - G(t_i)| + |G_m(t_{i-1}) - G(t_{i-1})|。\end{aligned}$$

由此可得：

$$\begin{aligned}&\lim_{m\to\infty}\left(\sup_{t_i, t_{i-1}\in[a,b)}\left|\frac{m_i}{m} - (G(t_i) - G(t_{i-1}))\right|\right) \\ &\leqslant \lim_{m\to\infty}\left(\sup_{t_i\in[a,b)}|G_m(t_i) - G(t_i)|\right) + \\ &\quad \lim_{m\to\infty}\left(\sup_{t_{i-1}\in[a,b)}|G_m(t_{i-1}) - G(t_{i-1})|\right)。\end{aligned}$$

再由格里汶科定理，可知：

$$P\left\{\lim_{m\to\infty}\left(\sup_{t_i\in[a,b)}|G_m(t_i) - G(t_i)|\right) = 0\right\} = 1,$$

$$P\left\{\lim_{m\to\infty}\left(\sup_{t_{i-1}\in[a,b)}|G_m(t_{i-1}) - G(t_{i-1})|\right) = 0\right\} = 1。$$

因此，

$$P\left\{\lim_{m\to\infty}\left(\sup_{t_i,t_{i-1}\in[a,b)}\left|\frac{m_i}{m}-(G(t_i)-G(t_{i-1}))\right|\right)=0\right\}=1。$$

证毕。

由定理6.2的结论可知，当样本容量m充分大时，随机变量X在区间$[t_{i-1},t_i)$上的概率$G(t_i)-G(t_{i-1})\approx\frac{m_i}{m}$。记$P(Z_k=i)$为随机变量$X$的导出过程$\{Z_k\}$在第$k$周期处于状态$i$时的概率，因为$m_i$为样本落在状态$i$的隶属区间$[t_{i-1},t_i)$内的次数，所以$P(Z_k=i)\approx\frac{m_i}{m}$。因此，有$G(t_i)-G(t_{i-1})\approx P(Z_k=i)$。由此说明随机变量的导出过程的概率分布对其分布函数具有良好的近似性。根据上述理论成果，以下给出马氏随机逼近法的概念。

定义6.3　设$G(x)$为随机变量X的分布函数，$\{Z_k=i,i\in\boldsymbol{S};k=0,1,2,\cdots\}$为由随机变量$X$导出的一个随机过程，其中$i=:\{x|x\in[t_{i-1},t_i),i=1,2,\cdots,S\}$。如果$\{Z_k\}$具有马氏性，则称$P(Z_k=i)$为$G(x)$在区间$[t_{i-1},t_i)$上的一个马氏随机逼近。

根据定义6.3可知，若$P(Z_k=i)$为$G(x)$在区间$[t_{i-1},t_i)$上的一个马氏随机逼近，则有$G(t_i)-G(t_{i-1})\approx P(Z_k=i)$。由此可见，所谓的马氏随机逼近法就是利用由随机变量X所导出的马氏过程$\{Z_k\}$在第k周期处于状态i时的概率$P(Z_k=i)$，来估计随机变量X在i的隶属区间$[t_{i-1},t_i)$上取值的概率。今记$\pi_i(m)=P(Z_m=i)$，则称$\boldsymbol{\pi}(m)=(\pi_1(m),\pi_2(m),\cdots,\pi_S(m))$为$Z_m$于第$m$周期的概率分布。若$m=0$，则称$\boldsymbol{\pi}(0)$为马氏过程$\{Z_k\}$的初始分布。以下给出随机变量$X$历经$m$个周期后，其落在某个隶属区间上的概率与其导出过程$\{Z_k\}$的转移概率矩阵之间的关联性。

定理6.3　设$G(x)$为随机变量X的分布函数，$\{Z_k=i,i\in\boldsymbol{S};k=0,1,2,\cdots\}$为由随机变量$X$导出的一个马氏过程，其中$i=:\{x|x\in[t_{i-1},t_i),i=1,2,\cdots,S\}$。若$\boldsymbol{P}=(p_{ij})_{S\times S}$为$\{Z_k\}$的转移概率矩阵，则$X$于第$m$周期分别落在各状态$i$的隶属区间$[t_{i-1},t_i)$上的概率为：

$$(G(t_1)-G(t_0),G(t_2)-G(t_1),\cdots,G(t_S)-G(t_{S-1}))\approx\boldsymbol{\pi}(0)\boldsymbol{P}^m。\tag{6.5}$$

证明：对于任意$i\in\boldsymbol{S}$，有：$(Z_m=i)=\cup_{h\in\boldsymbol{S}}(Z_{m-1}=h,Z_m=i)$；又当$i\neq h$时，有：$(Z_{m-1}=h)\cap Z_{m-1}=i)=\varnothing$。所以，有

$$\begin{aligned}P(Z_m=i)&=\sum_{h\in\boldsymbol{S}}P(Z_{m-1}=h,Z_m=i)\\&=\sum_{h\in\boldsymbol{S}}P(Z_m=i|Z_{m-1}=h)P(Z_{m-1}=h)=\sum_{h\in\boldsymbol{S}}\pi_h(m-1)p_{hi}。\end{aligned}$$

将其写成向量的表达式，即$\boldsymbol{\pi}(m)=\boldsymbol{\pi}(m-1)\boldsymbol{P}$。于是，通过迭代法，可得：$\boldsymbol{\pi}(m)=$

$\boldsymbol{\pi}(0)\boldsymbol{P}^m$。

由定理 6.2 的结论可知，随机变量 X 在区间 $[t_{i-1},t_i)$ 上的概率 $G(t_i)-G(t_{i-1})\approx P(Z_k=i)$，故

$$(G(t_1)-G(t_0),G(t_2)-G(t_1),\cdots,G(t_S)-G(t_{S-1}))\approx\boldsymbol{\pi}(0)\boldsymbol{P}^m。$$

证毕。

于是，运用上述结论就可以解决未知分布函数下随机变量的运动规律的一致逼近问题。同时，由理论的分析过程，易知马氏随机逼近法具有独特的优越性：在分布函数为未知的情况下，不但通过马氏随机逼近法可获得随机变量 X 的分布特征，同时也可获知随机变量 X 依时间由点 a_1 转移到点 a_2 的概率趋势。

6.2.3　带融资能力和 VaR 约束的马氏质量过程库存模型

为了便于问题的论述，这里将各产品的缺陷率统一划分为 S 个状态，其相应的状态集记为 $\boldsymbol{S}=\{1,2,\cdots,S\}$。设 D_n 为第 n 种产品缺陷率的随机变量，其分布函数为 $G_{D_n}(d)$；$d_1^{(n)},d_2^{(n)},\cdots,d_{T^{(n)}}^{(n)}$ 为取自总体 $G_{D_n}(d)$ 的样本，即第 n 种产品在过去 $T^{(n)}$ 个周期的缺陷率数据；$\{Z_{nk}=i,i\in\boldsymbol{S};k=0,1,2,\cdots\}$ 为由 D_n 所导出的一个马氏过程，其中 $i=:\{x\mid x\in[t_{i-1},t_i),i=1,2,\cdots,S\}$，并且其转移概率矩阵为 $\boldsymbol{P}_n=(p_{ij}^{(n)})_{S\times S}$。

虽然随机过程 $\{Z_{nk}\}$ 的初始状态为未知的，但是由样本 $d_1^{(n)},d_2^{(n)},\cdots,d_T^{(n)}$ 可以估计出该随机过程的初始分布 $\boldsymbol{\pi}_n(0)=(\pi_1^{(n)}(0),\pi_2^{(n)}(0),\cdots,\pi_S^{(n)}(0))$ 的值。事实上，若记 $T_i^{(n)}$ 为该样本落在状态 i 的隶属区间 $[t_{i-1},t_i)$ 内的次数，则根据格里汶科定理可知，当 $T_i^{(n)}$ 充分大时，有：

$$\boldsymbol{\pi}_n(0)\approx\left(\frac{T_1^{(n)}}{T^{(n)}},\frac{T_2^{(n)}}{T^{(n)}},\cdots,\frac{T_S^{(n)}}{T^{(n)}}\right)。\tag{6.6}$$

根据本章的假设条件可知，库存系统在下个周期的供应能力和需求依赖着产品的质量水平，因此产品质量水平在下个周期所处于的状态对库存系统优化和控制策略而言为至关重要的因素。然而，由于缺陷率的分布函数及初始状态为未知的，因此不能通过分布函数或联合初始状态和转移概率矩阵，来确定缺陷率变化的趋势性。为此，接下来基于马氏随机逼近法，给出产品缺陷率的期望值。

命题 6.1　设 D_n 为第 n 种产品的缺陷率的随机变量，$d_1^{(n)},d_2^{(n)},\cdots,d_{T^{(n)}}^{(n)}$ 为取自该总体的样本，$\{Z_{nk}=i,i\in\boldsymbol{S};k=0,1,2,\cdots\}$ 为由随机变量 D_n 所导出的一个马氏过程，其中 $i=:\{x\mid x\in[t_{i-1},t_i),i=1,2,\cdots,S\}$，并且其一步转移概率矩阵为 $\boldsymbol{P}_n=(p_{ij}^{(n)})_{S\times S}$。若 $d_{i_1}^{(n)},d_{i_2}^{(n)},\cdots,d_{i_{T_i^{(n)}}}^{(n)}$ 为落在状态 i 的隶属区间 $[t_{i-1},t_i)$ 内的样本点，则第 n 种产品历

经 m 周期后的期望缺陷率为：

$$E[D_n(k)] = \boldsymbol{\pi}_n(0)\boldsymbol{P}_n^k(\bar{d}_1^{(n)},\bar{d}_2^{(n)},\cdots,\bar{d}_S^{(n)})^T \triangleq \bar{d}_n(k)。\tag{6.7}$$

式中：$\bar{d}_i^{(n)} = \sum_{k=1}^{T_i^{(n)}} \frac{d_{i_k}^{(n)}}{T_i^{(n)}}$。

证明： 因为 $d_{i_1}^{(n)},d_{i_2}^{(n)},\cdots,d_{i_{T_i^{(n)}}}^{(n)}$ 为落在状态 i 的隶属区间 $[t_{i-1},t_i)$ 内的样本点，所以该产品的缺陷率落在区间 $[t_{i-1},t_i)$ 内的平均值为 $\bar{d}_i^{(n)} = \sum_{k=1}^{T_i^{(n)}} \frac{d_{i_k}^{(n)}}{T_i^{(n)}}$。又因为由随机变量 D_n 所导出的马氏过程 $\{Z_{nk}\}$ 的一步转移概率矩阵为 $\boldsymbol{P}_n = (p_{ij}^{(n)})_{S\times S}$，所以结合定理6.2的证明过程可知，随机过程 $\{Z_{nk}\}$ 在第 m 周期的概率分布为 $\boldsymbol{\pi}_n(m) = \boldsymbol{\pi}_n(0)\boldsymbol{P}_n^m$，故产品的质量水平历经 m 周期后的期望缺陷率为：

$$E[D_n(k)] = \boldsymbol{\pi}_n(0)\boldsymbol{P}_n^k(\bar{d}_1^{(n)},\bar{d}_2^{(n)},\cdots,\bar{d}_S^{(n)})^T。$$

证毕。

于是，根据命题6.1的结论可以获得各产品在未来不同周期内的期望缺陷率。因为由产品的缺陷率所导出的随机过程 $\{Z_{nk}\}$ 的初始状态为未知的，所以只能根据产品的缺陷率在第 k 周期的期望值，确定库存系统在未来第 k 周期的最优订购策略。以下主要在供应能力和需求依赖产品的质量水平的条件下，基于上述理论成果给出带融资能力和 VaR 约束的马氏质量过程多产品随机库存模型。

根据命题6.1的结论可知，第 n 种产品质量水平历经 k 个周期后的期望缺陷率为

$$\bar{d}_n(k) = \boldsymbol{\pi}_n(0)\boldsymbol{P}_n^k(\bar{d}_1^{(n)},\bar{d}_2^{(n)},\cdots,\bar{d}_S^{(n)})^T。$$

同时，由模型假设知，当第 n 种产品于第 k 周期的缺陷率 $D_n = d_n$ 时，其供应能力和需求分别为 $W_n(d_n)$ 和 $X_n(d_n)$。因此，第 n 种产品于第 k 周期的销售利润为：

$$\begin{aligned}\Omega_n(Q_n(\bar{d}_n(k))) = {} & (R_{nk} - C_{nk})\min\{Q_n(\bar{d}_n(k)),W_n(\bar{d}_n(k))\} - \\ & (R_{nk} - V_{nk})(\min\{Q_n(\bar{d}_n(k)),W_n(\bar{d}_n(k))\} - X_n(\bar{d}_n(k)))^+。\end{aligned}\tag{6.8}$$

式中：$Q_n(\bar{d}_n(k))$ 为当质量水平于第 k 周期的缺陷率等于 $\bar{d}_n(k)$ 时的订购量。

为了方便问题的论述，今令：

$$\bar{\boldsymbol{d}}_k = (\bar{d}_1(k),\bar{d}_2(k),\cdots,\bar{d}_N(k))^T,$$

$$\boldsymbol{Q}_k(\bar{\boldsymbol{d}}_k) = (Q_1(\bar{d}_1(k)),Q_2(\bar{d}_2(k)),\cdots,Q_N(\bar{d}_N(k)))^T,$$

$$\boldsymbol{D}_K = (\boldsymbol{Q}_1(\bar{\boldsymbol{d}}_1),\boldsymbol{Q}_2(\bar{\boldsymbol{d}}_2),\cdots,\boldsymbol{Q}_K(\bar{\boldsymbol{d}}_K))。$$

因为在不同的决策环境下（如资金额度、产品的质量水平等），决策者对产品的厌恶程度有所不同，故可设 $\boldsymbol{\eta}_{nk}$ 为决策者对产品 n 于第 k 周期所持有的风险厌恶因子。于是，各产品在设定的目标利润 $\Omega_{nk}^{(0)}$、融资能力 C_k 以及供应能力和需求依赖产品的质量

水平的条件下，由（6.8）式可提出带融资能力和 VaR 约束的多产品库存系统的 K 个周期总期望利润模型：

$$\begin{cases} \max\limits_{\boldsymbol{D}_K} E[\Omega(\boldsymbol{D}_K)] = \max\limits_{\boldsymbol{D}_K} E[\sum\limits_{k=1}^{K}\sum\limits_{n=1}^{N}\Omega_n(Q_n(\bar{d}_n(k)))] \\ \text{s.t. } Prob\{\Omega_n(Q_n(\bar{d}_n(k))) \leqslant \Omega_{nk}^{(0)}\} \leqslant \eta_{nk} \\ \qquad n=1,2,\cdots,N;k=1,2,\cdots,K \\ \sum\limits_{n=1}^{N} Q_n(\bar{d}_n(k))C_{nk} \leqslant C_k \end{cases} 。\tag{6.9}$$

其中风险厌恶因子 $\eta_{nk} \in (0,1]$ 反映了决策者的风险厌恶的程度，即当 η_{nk} 的取值越小时，风险厌恶的程度就越高。若 $\eta_{nk}=1$，则模型（6.9）等价于风险中性型的模型。同时，该模型还充分体现了各产品的订购量受系统在第 k 周期的融资能力 C_k 所约束。由于带有概率形式的约束条件，不好处理模型的最优解问题，以下给出模型（6.9）的等价形式。

因为（6.8）式为第 n 种产品于第 k 周期的销售利润，所以对其求期望，可得第 n 种产品在第 k 周期的期望销售利润：

$$\begin{aligned} &E[\Omega_n(Q_n(\bar{d}_n(k)))] \\ &\quad = (R_{nk}-C_{nk})\left[\int_0^{Q_n(\bar{d}_n(k))} w\mathrm{d}\Phi_{W_n(\bar{d}_n(k))}(w) + (1-\Phi_{W_n(\bar{d}_n(k))}(Q_n(\bar{d}_n(k))))Q_n(\bar{d}_n(k))\right] - \\ &\quad (R_{nk}-V_{nk})\left[\int_0^{Q_n(\bar{d}_n(k))}\int_0^{w}(w-x)\mathrm{d}F_{X_n(\bar{d}_n(k))}(x)\mathrm{d}\Phi_{W_n(\bar{d}_n(k))}(w) + \right. \\ &\quad \left.(1-\Phi_{W_n(\bar{d}_n(k))}(Q_n(\bar{d}_n(k))))\int_0^{Q_n(\bar{d}_n(k))}(Q_n(\bar{d}_n(k))-x)\mathrm{d}F_{X_n(\bar{d}_n(k))}(x)\right]。\end{aligned}\tag{6.10}$$

于是，根据文献［167］中的（7）式，可得模型（6.9）的等价形式：

$$\begin{cases} \max\limits_{Q_K} E[\Omega(\boldsymbol{D}_K)] = \max\limits_{Q_K}\sum\limits_{k=1}^{K}\sum\limits_{n=1}^{N} E[\Omega_n(Q_n((\bar{d}_n(k)))] \\ \text{s.t. } \Pi_n(Q_n(\bar{d}_n(k))) \triangleq \Phi_{W_n(\bar{d}_n(k))}\left(\dfrac{\Omega_{nk}^{(0)}}{R_{nk}-C_{nk}}\right) + \displaystyle\int_{\frac{\Omega_{nk}^{(0)}}{R_{nk}-C_{nk}}}^{Q_n(\bar{d}_n(k))} F_{X_n(\bar{d}_n(k))}\left(\dfrac{\Omega_{nk}^{(0)}+(C_{nk}-V_{nk})w}{R_{nk}-V_{nk}}\right)\cdot \\ \qquad \varphi_{W_n(\bar{d}_n(k))}(w)\mathrm{d}w + F_{X_n(\bar{d}_n(k))}\left(\dfrac{\Omega_{nk}^{(0)}+(C_{nk}-V_{nk})Q_n(\bar{d}_n(k))}{R_{nk}-V_{nk}}\right)\cdot \\ \qquad (1-\Phi_{W_n(\bar{d}_n(k))}(Q_n(\bar{d}_n(k)))) - \eta_{nk} \leqslant 0 \\ \Theta_n(Q_n(\bar{d}_n(k))) \triangleq \sum\limits_{n=1}^{N} Q_n(\bar{d}_n(k))C_{nk} - C_k \leqslant 0 \qquad n=1,2,\cdots,N;k=1,2,\cdots,K \end{cases} 。\tag{6.11}$$

6.2.5 模型的最优解

记库存系统在未来 K 个周期里的最优订购量为

$$\boldsymbol{D}_K^* = (\boldsymbol{Q}_1^*(\bar{\boldsymbol{d}}_1), \boldsymbol{Q}_2^*(\bar{\boldsymbol{d}}_2), \cdots, \boldsymbol{Q}_K^*(\bar{\boldsymbol{d}}_K)),$$

其中

$$\boldsymbol{Q}_k^*(\bar{\boldsymbol{d}}_1) = (Q_1^*(\bar{d}_1(k)), Q_2^*(\bar{d}_2(k)), \cdots, Q_N^*(\bar{d}_N(k)))^T$$

为当各产品的质量水平在第 k 周期的缺陷率等于 $\bar{d}_n(k)$（$n = 1,2,\cdots,N$）时的最优订购量。接下来主要研究模型的最优解问题。

命题 6.2 设 $\{Z_{nk} = i, i \in \boldsymbol{S}; k = 0,1,2,\cdots\}$ 为由产品的缺陷率 D_n 所导出的一个马氏过程，其中 $i =: \{x \mid x \in [t_{i-1}, t_i), i = 1,2,\cdots,S\}$，其一步转移概率矩阵为 $\boldsymbol{P}_n = (p_{ij}^{(n)})_{S\times S}$。若对于任意 $\bar{d}_n(k)$，供应能力 $W_n(\bar{d}_n(k))$ 和需求 $X_n(\bar{d}_n(k))$ 的概率密度满足：$\varphi_{W_n(\bar{d}_n(k))}(w) + f_{X_n(\bar{d}_n(k))}(x) < 1$ 以及 $F_{X_n(\bar{d}_n(k))}(x)$ 为二阶可微的凹函数，则由（6.11）式所确定的 Kuhn-Tucker 点为模型的唯一最优解，其相应的最优订购量为：

$$\boldsymbol{D}_K^* = (\boldsymbol{Q}_1^*(\bar{\boldsymbol{d}}_1), \boldsymbol{Q}_2^*(\bar{\boldsymbol{d}}_2), \cdots, \boldsymbol{Q}_K^*(\bar{\boldsymbol{d}}_K))。 \tag{6.12}$$

式中：

$$\boldsymbol{Q}_k^*(\bar{\boldsymbol{d}}_k) = (Q_1^*(\bar{d}_1(k)), Q_2^*(\bar{d}_2(k)), \cdots, Q_N^*(\bar{d}_N(k)))^T,$$

并且 $\boldsymbol{Q}_k^*(\bar{\boldsymbol{d}}_k)$ 中的第 n 个分量满足以下的关系式：

$$\begin{aligned} H_{nk}^{(0)}(Q_n^*(\bar{d}_n(k))) &= [(R_{nk} - C_{nk}) - (R_{nk} - V_{nk})F_{X_n(\bar{d}_n(k))}(Q_n(\bar{d}_n(k)))] - \\ &\quad \left[\frac{\lambda_{nk}^*(C_{nk} - V_{nk})}{R_{nk} - V_{nk}} f_{X_n(\bar{d}_n(k))}\left(\frac{\Omega_{nk}^{(0)} - (C_{nk} - V_{nk})Q_n(\bar{d}_n(k))}{R_{nk} - V_{nk}}\right) + \gamma_{nk}^* C_{nk}\right] \\ &= 0, \end{aligned}$$

$$\begin{aligned} H_{nk}^{(1)}(Q_n(\bar{d}_n(k))) &= \lambda_{nk}^*\left[\Phi_{W_n(\bar{d}_n(k))}\left(\frac{\Omega_{nk}^{(0)}}{R_{nk} - C_{nk}}\right) + \int_{\frac{\Omega_{nk}^{(0)}}{R_{nk}-C_{nk}}}^{Q_n(\bar{d}_n(k))} F_{X_n(\bar{d}_n(k))}\left(\frac{\Omega_{nk}^{(0)} + (C_{nk} - V_{nk})w}{R_{nk} - V_{nk}}\right) \cdot\right. \\ &\quad \varphi_{W_n(\bar{d}_n(k))}(w)\,\mathrm{d}w + F_{X_n(\bar{d}_n(k))}\left(\frac{\Omega_{nk}^{(0)} + (C_{nk} - V_{nk})Q_n(\bar{d}_n(k))}{R_{nk} - V_{nk}}\right) \cdot \\ &\quad \left.(1 - \Phi_{W_n(\bar{d}_n(k))}(Q_n(\bar{d}_n(k)))) - \eta_{nk}\right] = 0。 \end{aligned}$$

这里 $\bar{d}_n(k) = \boldsymbol{\pi}_n(0)\boldsymbol{P}_n^k(\bar{d}_1^{(n)}, \bar{d}_2^{(n)}, \cdots, \bar{d}_S^{(n)})^T$，$\lambda_{nk}^* \geq 0$ 和 γ_{nk}^* 为模型（6.11）的 Kuhn-Tucker 条件下的广义拉格朗日乘子（$n = 1,2,\cdots,N; k = 1,2,\cdots,K$）。

证明：由约束函数的表达式，可知：

$$\Pi_n''(Q_n(\bar{d}_n(k))) = \frac{C_{nk} - V_{nk}}{R_{nk} - V_{nk}}\left[\frac{C_{nk} - V_{nk}}{R_{nk} - V_{nk}} F_{X_n(\bar{d}_n(k))}''\left(\frac{\Omega_{nk}^{(0)} + (C_{nk} - V_{nk})Q_n(\bar{d}_n(k))}{R_{nk} - V_{nk}}\right) \cdot\right.$$

$$(1-\Phi_{W_n(\bar{d}_n(k))}(Q_n(\bar{d}_n(k))))-f_{X_n(\bar{d}_n(k))}\left(\frac{\Omega_{nk}^{(0)}+(C_{nk}-V_{nk})Q_n(\bar{d}_n(k))}{R_{nk}-V_{nk}}\right)\cdot$$

$$\left.\varphi_{W_n(i_k^{(n)})}(Q_n(\bar{d}_n(k)))\right]。$$

因为 $F_{X_n(\bar{d}_n(k))}(x_{nk})$ 为二阶可微的凹函数，所以 $F''_{X_n(\bar{d}_n(k))}(x_{nk})\leqslant 0$。显然，根据多产品库存系统中的销售价 R_{nk}、进价 C_{nk} 和残值 V_{nk} 的实际意义，易知 $R_{nk}>C_{nk}>V_{nk}$。因此，$\Pi''_n(Q_n(\bar{d}_n(k)))\leqslant 0$，故 $\Pi_n(Q_n(\bar{d}_n(k)))$ 为凹函数。又因为 $\Theta_n(Q_n(\bar{d}_n(k)))=\sum_{n=1}^{N}Q_n(\bar{d}_n(k))C_{nk}-C_k$ 为线性函数，所以 $\Theta_n(Q_n(\bar{d}_n(k)))$ 既是凹函数又是凸函数。因此，模型的约束函数都是凹函数。

今记 $\boldsymbol{C}=(c_{nk,mk})_{(NK)\times(NK)}$，其中

$$c_{nk,mk}=\frac{\partial^2 E[\Omega(\boldsymbol{D}_K)]}{\partial Q_n(\bar{d}_n(k))\partial Q_m(\bar{d}_n(k))}\qquad n,m=1,\cdots,N;k=1,\cdots,K。$$

因此，当 $n\neq m$ 时，有 $c_{nk,mk}=0$；当 $n=m$ 时，有

$$\begin{aligned}c_{nk,mk}=&-(R_{nk}-C_{nk})\varphi_{W_n(\bar{d}_n(k))}(Q_n(\bar{d}_n(k)))+(R_{nk}-V_{nk})[F_{X_n(\bar{d}_n(k))}\cdot\\&(Q_n(\bar{d}_n(k)))\varphi_{W_n(\bar{d}_n(k))}(Q_n(\bar{d}_n(k)))+\Phi_{W_n(\bar{d}_n(k))}(Q_n(\bar{d}_n(k)))f_{X_n(i_k^{(n)})}(Q_n(\bar{d}_n(k)))-1]\\\leqslant&-(R_{nk}-C_{nk})\varphi_{W_n(\bar{d}_n(k))}(Q_n(\bar{d}_n(k)))+(R_{nk}-V_{nk})[\varphi_{W_n(\bar{d}_n(k))}(Q_n(\bar{d}_n(k)))+\\&f_{X_n(\bar{d}_n(k))}(Q_n(\bar{d}_n(k)))-1]。\end{aligned}$$

又因为对于任意 $\bar{d}_n(k)$，供应能力 $W_n(\bar{d}_n(k))$ 和需求 $X_n(\bar{d}_n(k))$ 的概率密度满足 $\varphi_{W_n(\bar{d}_n(k))}(w)+f_{X_n(\bar{d}_n(k))}(x)<1$，所以 $c_{nk,mk}<0$。显然，若 C_n 为 $\boldsymbol{C}$ 的 n 阶顺序主子式，则有 $(-1)^nC_n>0$，故 $\boldsymbol{C}$ 为负定矩阵。由此可知，$-E[\Omega(\boldsymbol{D}_K)]$ 为严格凸函数。因此，由（6.11）式所确定的数学规划为凸规划，故模型（6.11）下的 Kuhn-Tucker 点为模型的唯一最优解。

又因为模型（6.11）下的 Kuhn-Tucker 条件为：

$$\begin{cases}\nabla E[\Omega(\boldsymbol{D}_K)]-\sum_{n=1}^{N}\sum_{k=1}^{K}\lambda_{nk}^*\nabla\Pi_n(Q_n(\bar{d}_n(k)))-\sum_{n=1}^{N}\sum_{k=1}^{K}\gamma_{nk}^*\nabla\Theta_n(Q_n(\bar{d}_n(k)))=0\\\lambda_{nk}^*\Pi_n(Q_n(\bar{d}_n(k)))=0\\\quad\text{其中 }\lambda_{nk}^*\geqslant 0,n=1,2,\cdots,N;k=1,2,\cdots,K\end{cases}$$

$$=\begin{cases}H_{nk}^{(0)}(Q_n(\bar{d}_n(k)))=0\\H_{nk}^{(1)}(Q_n(\bar{d}_n(k)))=0\\\quad\text{其中 }\lambda_{nk}^*\geqslant 0,n=1,2,\cdots,N;k=1,2,\cdots,K\end{cases}。\tag{6.12.1}$$

所以，当

$$\boldsymbol{Q}_k^*(\bar{\boldsymbol{d}}_k)=(Q_1^*(\bar{d}_1(k)),Q_2^*(\bar{d}_2(k)),\cdots,Q_N^*(\bar{d}_N(k)))^T$$

为各产品在第 k 周期的最优订购量时，则 $\boldsymbol{Q}_k^*(\bar{\boldsymbol{d}}_k)$ 中的第 n 个分量必为（6.12.1）的解。证毕。

由此可见，在满足命题6.2的假设情况下，可以运用模型（6.11）的Kuh-Tucker条件获得模型的最优解。于是，将各产品每个周期的最优订购量分别代入（6.10）式，可得多产品库存系统历经 K 个周期后所获得的最优总期望销售利润：

$$E[\Omega(\overline{\boldsymbol{D}}_K^*)] = \sum_{k=1}^{K}\sum_{n=1}^{N} E[\Omega_n(Q_n^*(\bar{d}_n(k)))]。 \tag{6.13}$$

式中：
$$\begin{aligned}E[\Omega_n(Q_n^*(\bar{d}_n(k)))] = {} & (R_{nk} - C_{nk})\Big[\int_0^{Q_n^*(\bar{d}_n(k))} w\mathrm{d}\boldsymbol{\Phi}_{W_n(\bar{d}_n(k))}(w) + (1 - \\ & \boldsymbol{\Phi}_{W_n(\bar{d}_n(k))}(Q_n^*(\bar{d}_n(k))))Q_n^*(\bar{d}_n(k))\Big] - (R_{nk} - V_{nk})\cdot \\ & \Big[\int_0^{Q_n^*(\bar{d}_n(k))}\int_0^{w}(w-x)\mathrm{d}F_{X_n(\bar{d}_n(k))}(x)\mathrm{d}\boldsymbol{\Phi}_{W_n(\bar{d}_n(k))}(w) + \\ & (1-\boldsymbol{\Phi}_{W_n(\bar{d}_n(k))}(Q_n^*(\bar{d}_n(k))))\cdot \\ & \int_0^{Q_n^*(\bar{d}_n(k))}(Q_n^*(\bar{d}_n(k)) - x)\mathrm{d}F_{X_n(\bar{d}_n(k))}(x)\Big]。\end{aligned}$$

在融资能力和VaR约束的条件下，综合模型（6.12）和（6.13）的表达式可知，库存系统的最优订购量和期望利润依赖着产品的供应能力 $W_n(\bar{d}_n(k))$ 和需求 $X_n(\bar{d}_n(k))$ 的取值，库存系统的供需又受到产品的质量水平的影响，其受影响的核心因素为 $\bar{d}_n(k)$。由上述结论可知，在产品缺陷率 D_n 的分布函数为未知的情况下，完全可以不考虑初始状态的取值，即可通过 D_n 的导出过程转移概率矩阵和初始分布，来求出产品的期望缺陷率 $\bar{d}_n(k)$。由此，也说明本模型具有理论和应用上的优越性之处：理论上将马氏质量过程、供需的随机性、融资能力和风险厌恶等多要素集成于模型的理论框架，丰富和完善了多极化的决策机制；应用上充分考虑了由数据删失、失真或隐藏等因素而产生未知的随机现象对随机库存系统的统计规律性的影响。

6.3 库存系统的随机性分析

随机性对随机库存系统的优化和控制策略具有重要的意义，关乎系统在运行过程中是否存在潜在风险的问题。以下主要根据缺陷率的导出过程 $\{Z_{nk}\}$ 的极限性态，研究随机库存系统的随机性问题，并在此基础上提出随机系统的“蜡烛定律”。

定义6.4 设 $\{Z_{nk} = i, i \in \boldsymbol{S}; k = 0,1,2,\cdots\}$ 为由产品的缺陷率 D_n 所导出的一个

马氏过程，记 $E[\Omega_n(Q_n^*(i))] \geqslant 0$ 为当 $Z_{nk}=i$ 时，库存系统采取最优订购策略 $Q_n^*(i)$ 下所获取的利润。若对于状态集 $\boldsymbol{S}$ 中的元素 i 和 j，满足：

（ⅰ）$P(Z_{nk}=i) \leqslant P(Z_{nk}=j)$，则称 j 为 i 的概率占优状态，或称 i 为 j 的概率劣势状态；

（ⅱ）$E[\Omega_n(Q_n^*(i))] \leqslant E[\Omega_n(Q_n^*(j))]$，则称 j 为 i 的利润占优状态，或称 i 为 j 的利润劣势状态；

（ⅲ）对于任意 $i \in \boldsymbol{S}$，如果 $E[\Omega_n(Q_n^*(i))] \leqslant E[\Omega_n(Q_n^*(j))]$，则称 j 为全局利润占优状态，或称 i 为全局利润劣势状态；

（ⅳ）$P(Z_{nk}=i)E[\Omega_n(Q_n^*(i))] \leqslant P(Z_{nk}=j)E[\Omega_n(Q_n^*(j))]$，则称 j 为 i 的加权利润占优状态，或称 i 为 j 的加权利润劣势状态。

根据定义6.4所给出的基本概念，易导出以下的结论：

推论6.1　设 j 为 i 的加权利润占优状态，则有以下的命题成立：

（ⅰ）当 j 为 i 的概率劣势状态时，j 为 i 的利润占优状态；

（ⅱ）当 j 为 i 的利润劣势状态时，j 为 i 的概率占优状态。

推论6.2　设 j 为 i 的概率和利润占优状态，则 j 为 i 的加权利润占优状态。

由定义6.4可知，$E[\Omega_n(Q_n^*(i))] \geqslant 0$ 为当 $Z_{nk}=i$ 时，库存系统采取最优订购策略 $Q_n^*(i)$ 下所获取的利润，因此根据第 n 产品的缺陷率所导出的马氏过程 $\{Z_{nk}\}$ 在第 k 周期的概率分布 $\boldsymbol{\pi}_n(k)$，易知该产品在第 k 周期的期望利润为：

$$\sum_{i=1}^{S} P(Z_{nk}=i)E[\Omega_n(Q_n^*(i))]。\tag{6.14}$$

可见，在 $P(Z_{nk}=i)$ 满足 $\sum_{i=1}^{S} P(Z_{nk}=i)=1$ 的守恒关系下，若利润占优的状态所对应的概率 $P(Z_{nk}=i)$ 又占优，那么说明库存系统处于高收益水平的运行状态。因此，通过状态之间的优劣关系，可以获取库存系统在运行过程中的基本信息。

命题6.3（“蜡烛定律”）　设 $\{Z_{nk}=i, i \in \boldsymbol{S}; k=0,1,2,\cdots\}$ 为由产品的缺陷率 D_n 所导出的一个马氏过程，其中 $i=:\{x \mid x \in [t_{i-1},t_i), i=1,2,\cdots,S\}$，其 k 步转移概率矩阵为 $\boldsymbol{P}_n(k)=(p_{ij}^{(n)}(k))_{S\times S}$。如果 j 为非常返状态或零常返状态，$P(Z_{nk}=i)\neq 0$，则当 k 充分大时，i 必然为 j 的加权利润占优状态。

证明： 对于任意 $i,j \in \boldsymbol{S}$，由文献［168］中的定理3.3.1可知，$p_{ij}^{(n)}(k) = \sum_{l=1}^{k} f_{ij}^{(n)}(l)p_{jj}^{(n)}(k-l)$，其中 $f_{ij}^{(n)}(l)$ 表示系统从状态 i 出发历经 l 后首达状态 j 的概率。对上式两边求和，可得：

$$\sum_{k=1}^{K} p_{ij}^{(n)}(k) = \sum_{k=1}^{K}\sum_{l=1}^{k} f_{ij}^{(n)}(l)p_{jj}^{(n)}(k-l) = \sum_{l=1}^{K}\sum_{k=l}^{k} f_{ij}^{(n)}(l)p_{jj}^{(n)}(k-l)$$

$$= \sum_{l=1}^{K} f_{ij}^{(n)}(l) \sum_{m=0}^{K-l} p_{jj}^{(n)}(m)$$

$$\leqslant \sum_{l=1}^{K} f_{ij}^{(n)}(l) \sum_{l=0}^{K} p_{jj}^{(n)}(l)。$$

因此，当 $K \to \infty$ 时，有：

$$\sum_{k=1}^{\infty} p_{ij}^{(n)}(k) \leqslant \sum_{l=1}^{\infty} f_{ij}^{(n)}(l)\left(1 + \sum_{l=0}^{\infty} p_{jj}^{(n)}(l)\right) \leqslant \left(1 + \sum_{l=0}^{\infty} p_{jj}^{(n)}(l)\right)。$$

又因为当 j 为非常状态时，有：$\sum_{l=1}^{\infty} f_{ij}^{(n)}(l) < 1$，故

$$\sum_{k=1}^{\infty} p_{ij}^{(n)}(k) \leqslant \left(1 + \sum_{l=0}^{\infty} p_{jj}^{(n)}(l)\right) < \infty。$$

因此，正级数 $\sum_{k=1}^{\infty} p_{ij}^{(n)}(k)$ 为收敛的级数，故 $\lim_{k\to\infty} p_{ij}^{(n)}(k) = 0$。同理，利用正级数的收敛性质，可证得当 j 为零常返状态时，有 $\lim_{k\to\infty} p_{ij}^{(n)}(k) = 0$。

因为马氏过程 $\{Z_{nk}\}$ 在第 k 周期的概率分布为：

$$\boldsymbol{\pi}_n(k) = \left(\pi_1^{(n)}(k), \cdots, \pi_j^{(n)}(k), \cdots, \pi_S^{(n)}(k)\right) = \boldsymbol{\pi}_n(0)\boldsymbol{P}_n(k),$$

所以当 j 为非常返状态或零常返状态时，有

$$\lim_{k\to\infty} \boldsymbol{\pi}_n(k) = \left(\pi_1^{(n)}(k), \cdots, \underbrace{0}_{\text{第}j\text{项}}, \cdots, \pi_S^{(n)}(k)\right),$$

即 $\lim_{k\to\infty} P(Z_{nk} = j) = \lim_{k\to\infty} \pi_j^{(n)}(k) = 0$。因此，当 k 充分大时，系统在状态 j 下获得利润的概率趋向于零，故有：

$$P(Z_{nk} = i)E[\Omega_n(Q_n^*(i))] \geqslant P(Z_{nk} = j)E[\Omega_n(Q_n^*(j))]。$$

证毕。

由此可见，i 之所以为 j 的加权利润占优状态，是因为具有非常返性（零常返性）的状态 j 做出贡献所致。因为随机过程的概率分布满足正则性，即 $\boldsymbol{\pi}_n(k)$ 中的元素满足 $\sum_{i=1}^{S} \pi_i^{(n)}(k) = 1$，所以随着 k 的增大，状态 j 将属于自己的概率值（权数）$P(Z_{nk} = j)$ 逐渐地贡献给其他状态，直到“蜡炬成灰泪始干”为止（$\lim_{k\to\infty} P(Z_{nk} = j) = 0$）。因此，非常返状态或零常返状态具有“牺牲自己成就他人”的蜡烛精神特征，这里将命题6.3中的结论命名为“蜡烛定律”。通过上述的分析可知，“蜡烛定律”给出了一个重要的管理启示：设 j 为 i 的加权利润占优状态，并且 j 为非常返状态或零常返状态，若 i 为全局利润占优状态，则系统在下个周期的期望利润不比当前的差，即库存系统的期望利润具有上升的趋势。

事实上，因为 j 为 i 的加权利润占优状态，并且 i 为 j 的利润占优状态，所以根据

推论6.1可知，j为i的概率占优状态，即$P(Z_{nk}=i)\leqslant P(Z_{nk}=j)$。然而，又因为$j$为非常返状态或零常返状态，所以根据“蜡烛定律”可知，当k逐步增大时，j会把属于它的概率值逐步贡献给状态$i\in \boldsymbol{S}-\{j\}$，使得利润上本身占优的状态$i$获得更大权数。因此，系统在下个周期的期望利润不比当前的差。同理可知：在此条件下，若i为全局利润劣势状态，库存系统的期望利润具有下降的趋势。

6.4　数值算例分析

6.4.1　数值模拟分析的基本假设

为了简化模型的计算过程，本算例仅考虑由A、B和C等三种产品所构成的多产品库存系统。同时，为了使得模型的最优解具有唯一性，以下按命题6.2假设条件的要求设计相关的参数。设产品缺陷率的随机变量$D_n\in[0,1]$，其导出过程为$\{Z_{nk}=i, i\in \boldsymbol{S}; k=0,1,2,\cdots\}$，其中

$$\boldsymbol{S}=\{1,2,3\},\qquad 1=:\{x\,|\,x\in[0,0.33)\},$$
$$2=:\{x\,|\,x\in[0.33,0.66)\},\qquad 3=:\{x\,|\,x\in[0.66,1]\}。$$

由于需求和供应能力的概率密度为关于缺陷率的函数，这里不妨假设不同缺陷率下A、B和C产品的需求的概率密度分别为：

$$f_{X_1(\bar{d}_1(k))}(x)=\begin{cases}1/200(1-\bar{d}_1(k)) & x\in[0,200(1-\bar{d}_1(k))]\\ 0 & 其他\end{cases},$$

$$f_{X_2(\bar{d}_2(k))}(x)=\begin{cases}1/250(1-\bar{d}_2(k)) & x\in[0,250(1-\bar{d}_2(k))]\\ 0 & 其他\end{cases},$$

$$f_{X_3(\bar{d}_3(k))}(x)=\begin{cases}1/300(1-\bar{d}_3(k)) & x\in[0,300(1-\bar{d}_3(k))]\\ 0 & 其他\end{cases}。$$

A、B和C产品的供应能力的概率密度则分别假设为：

$$\varphi_{W_n(\bar{d}_n(k))}(w)=\begin{cases}\dfrac{(10^{-1}\bar{d}_n(k))^2 w}{\Gamma(2)\mathrm{e}^{10^{-1}\bar{d}_n(k)w}} & w\geqslant 0\\ 0 & w<0\end{cases}。$$

式中：$\Gamma(\alpha)=\int_0^{+\infty}x^{\alpha-1}\mathrm{e}^{-x}\mathrm{d}x$；$n=1,2,3$。

根据上述对需求和供应能力的概率密度所给出的具体假设，易知当产品于第k周期

的期望缺陷率 $\bar{d}_n(k)$ 上升时，供应能力和需求的期望值就会下降。因为在实际问题中，产品的缺陷率与需求和供应能力具有一定的负相关性，所以这样的假设是合理的。

决策者根据产品缺陷率历史数据的统计分析，可以得知各产品的缺陷率落在不同状态下的隶属区间的平均值以及初始分布分别为：

A 产品：$\bar{\boldsymbol{d}}^{(1)} = (\bar{d}_1^{(1)}, \bar{d}_2^{(1)}, \bar{d}_3^{(1)}) = (0.06, 0.45, 0.8)$，

$\boldsymbol{\pi}_1(0) = (0.50, 0.30, 0.20)$；

B 产品：$\bar{\boldsymbol{d}}^{(2)} = (\bar{d}_1^{(2)}, \bar{d}_2^{(2)}, \bar{d}_3^{(2)}) = (0.10, 0.53, 0.74)$，

$\boldsymbol{\pi}_2(0) = (0.70, 0.20, 0.10)$；

C 产品：$\bar{\boldsymbol{d}}^{(3)} = (\bar{d}_1^{(3)}, \bar{d}_2^{(3)}, \bar{d}_3^{(3)}) = (0.08, 0.50, 0.68)$，

$\boldsymbol{\pi}_3(0) = (0.34, 0.37, 0.29)$。

6.4.2 模型的最优数值解

于是，由上述所给出的各产品需求和供应能力的概率密度，以及表 6.1 中的模型参数和转移概率矩阵，并根据（6.7）式可得出各产品在不同周期的期望缺陷率，进而再分别利用（6.12）式和（6.13）式，即可得各产品于未来某个单周期内的最优订购量及期望利润。具体的数据结果详见表 6.1。

表 6.1　一定风险厌恶及融资能力约束下模型的最优数值解

	A 产品			B 产品			C 产品		
模型参数值	$\eta_{1k}=0.15, \Omega_{1k}^{(0)}=1000$, $C_k \leqslant 50000, R_{1k}=260$, $C_{1k}=150, V_{1k}=15$			$\eta_{2k}=0.16, \Omega_{2k}^{(0)}=1100$, $C_k \leqslant 50000, R_{2k}=265$, $C_{2k}=125, V_{2k}=13$			$\eta_{3k}=0.17, \Omega_{3k}^{(0)}=1200$, $C_k \leqslant 50000, R_{3k}=270$, $C_{3k}=135, V_{3k}=11$		
转移概率矩阵	0.30	0.70	0.00	0.50	0.50	0.00	0.50	0.40	0.10
	0.60	0.40	0.00	0.50	0.25	0.25	0.30	0.40	0.30
	0.50	0.40	0.10	0.00	0.33	0.67	0.20	0.30	0.50
周期 k	期望缺陷率	订购量	期望利润	期望缺陷率	订购量	期望利润	期望缺陷率	订购量	期望利润
1	0.204	98.1	8406.4	0.306	98.2	8706.8	0.410	96.3	8547.2
2	0.186	101.3	8822.2	0.335	94.4	8403.3	0.410	96.3	8547.2
3	0.184	103.6	8914.5	0.363	91.6	8235.8	0.410	96.3	8547.2
4	0.184	107.9	9016.3	0.378	86.5	8128.4	0.410	96.3	8547.2

续表 6.1

周期 k	A 产品			B 产品			C 产品		
	期望缺陷率	订购量	期望利润	期望缺陷率	订购量	期望利润	期望缺陷率	订购量	期望利润
5	0.184	110.3	9123.8	0.389	83.6	8032.0	0.410	96.3	8547.2
6	0.184	112.2	9198.5	0.395	81.3	7961.8	0.410	96.3	8547.2
7	0.184	113.8	9213.9	0.398	79.4	7921.5	0.410	96.3	8547.2
10	0.184	114.1	9269.2	0.403	79.1	7907.6	0.410	96.3	8547.2
15	0.184	114.3	9278.6	0.405	78.8	7889.2	0.410	96.3	8547.2
20	0.184	114.3	9278.6	0.405	78.8	7889.2	0.410	96.3	8547.2

由表 6.1 的数据实验结果可知，随着周期数的增长，A 和 B 产品的期望缺陷率逐步趋向于稳定，但相对 B 产品而言，A 产品的收敛速度较快一些；C 产品的期望缺陷率则保持在平稳的状态。事实上，由图 6.1 可知，A 产品的状态 1 和 2 不可达状态 3，而状态 3 可达状态 1 和 2，即状态 3 为非常返状态。因此，由"蜡烛定律"可知，A 产品的状态每历经一次转移，将属于状态 3 的概率值中的一部分贡献给状态 1 或 2 的概率值，直到分完为止（即由 $0.1 \to 0$）。再根据图 6.2 可知，由 B 产品的缺陷率导出的随机过程为不可约的遍历马氏链，故状态之间为互通的，因此将属于某个状态的概率值分配到其他状态慢一些。因此，A 产品的缺陷率到达稳定值比 B 产品快。同理，由图 6.3 可知，由 C 产品的缺陷率导出的随机过程为平稳马氏链，即对于任意 m，有 $\boldsymbol{\pi}(m) = \boldsymbol{\pi}(0)\boldsymbol{P}$，故其保持在稳定的状态。显然，$C$ 产品的收益过程具有良好的可靠性。虽然 A 产品的期望缺陷率最早到达稳定值，但是由于受到融资能力的影响，即 $\sum_{n=1}^{3} Q_n(\bar{d}_n)C_{nk} - C_k \leqslant 0$，$A$ 和 B 产品的最优订购量和期望利润几乎同步趋向于稳定值。

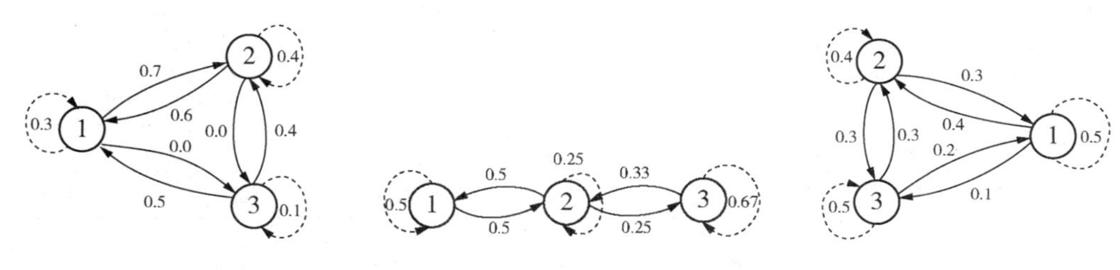

图 6.1　A 产品的状态转移　　图 6.2　B 产品的状态转移　　图 6.3　C 产品的状态转移

同时，结合 B 产品的数据实验的结果，可得出一个重要的结论：产品的最优订购量和期望利润关于其缺陷率为单调递减的，由此表明产品的缺陷与系统的供应能力和需求具有负相关性。当产品的缺陷率升上时，其供应能力和需求会相应下降，进而制约最优订购量和期望利润的取值趋势，从而也说明了模型的有效性和可行性。

6.4.3 融资能力和风险厌恶因子对模型最优解的影响

为了消除供应能力和需求的差异性对最优解的影响，以揭示融资能力及风险厌恶因子 η 与模型最优解之间的关联性，不妨假设由产品的缺陷率导出来的随机过程为平稳马氏链，由上节可知其缺陷率在未来的每个周期处于平稳的状态。由融资能力的约束条件，即 $\sum_{n=1}^{3} Q_n(\bar{d}_n)C_{nk} - C_k \leqslant 0$，可知在进货价格和融资能力给定下，若风险厌恶的因素使得 A、B 和 C 产品中某种产品的最优订购量增多时，则必然会导致其中另外一种产品的最优订购量下降。可见从融资能力或风险厌恶的单一视角，很难获取这两种因素对最优解所产生的敏感性。为此，接下来的算例分析，主要将融资能力和风险厌恶因子作为联合视角，来考察其对最优订购量和期望利润的影响。

根据前文所给出的供应能力和需求的概率密度，并将表 6.2 中的相关参数分别代入（6.12）式和（6.13）式可得，风险厌恶因子和融资能力对各产品的最优期望订购量和期望利润的影响，详见表 6.2 所示，表中的 η 和 C_k 分别为风险厌恶因子和融资能力。

表 6.2 融资能力和风险厌恶因子对最优解的影响

模型参数值		A 产品		B 产品		C 产品	
		$\bar{d}_1(k)=0.25, \Omega_{1k}^{(0)}=1200$, $R_{1k}=260, C_{1k}=150, V_{1k}=15$		$\bar{d}_2(k)=0.20, \Omega_{2k}^{(0)}=1100$, $R_{2k}=265, C_{2k}=125, V_{2k}=13$		$\bar{d}_3(k)=0.15, \Omega_{3k}^{(0)}=1200$, $R_{3k}=270, C_{3k}=135, V_{3k}=11$	
C_k	η	最优订购量	最优期望利润	最优订购量	最优期望利润	最优订购量	最优期望利润
40000	0.150	73.1	6896.3	81.2	7245.3	139.9	9946.6
42000	0.154	79.5	7065.6	89.3	7432.1	140.1	9967.1
44000	0.158	85.6	7102.4	96.1	7595.4	141.8	10046.4
46000	0.162	87.2	7283.3	104.2	7852.2	147.4	11846.3
48000	0.166	96.9	7464.5	111.3	8035.4	148.8	12928.3
50000	0.170	101.3	7522.5	116.2	8132.0	150.2	13001.8
52000	0.174	107.5	7789.3	120.0	8301.1	154.6	13374.1
54000	0.178	113.4	8024.6	125.3	8453.5	158.0	13521.3
56000	0.182	119.5	8328.2	128.5	8527.4	163.1	13726.5
58000	0.186	124.7	8513.6	130.7	8619.2	170.1	13998.6

一般情况下，人类对风险所持有的态度具有如下的基本规律：当人拥有财富的额度达到一定的水平时，其对待风险的厌恶程度就会下降，也就是越富有的人往往对财富的风险厌恶程度就越低一些。根据模型（6.9）所给出的风险厌恶因子的定义，可知当风险厌恶因子的取值越大时，风险厌恶程度就越低。因此，本算例将决策者的风险厌恶因子 η 视为随着融资能力 C_k 的增大而增大符合客观现实。

由表 6.2 中的数值实验的结果可知，在一定产品的缺陷率和目标利润下，当融资能力和风险厌恶因子增大时，各产品的最优期望订购量和期望利润也随着增大，由此说明当模型的最优解作为风险厌恶因子和融资能力的二元函数时，其单调性质为递增的。若按上述分析，将风险厌恶因子 η 视为关于融资能力 C_k 为单调递增的，那么通过本算例的数值结果，可得出一个重要的管理启示：融资能力的提高，有助于松弛决策者的风险厌恶因素对库存系统最优订购策略的约束力；随着风险厌恶的约束力降低，企业的盈利空间也得到进一步的扩展。因此，融资能力对企业的发展具有重要的促进作用，充分利用融资能力的优势性可提升库存系统的运作绩效。

6.4.4　库存系统的随机性的数值模拟分析

在不失理论上意义的情况，为了方便模拟出库存系统的随机性，不妨假设当各产品处于状态 i 时，采取最优订购策略 $Q_n^*(i)$ 所获取的利润 $E[\Omega_n(Q_n^*(i))]$ 如表 6.3 所示，其中 $n=1,2,3$。若库存系统决策者根据产品缺陷率历史数据的统计分析，得知各产品的缺陷率初始分布分别为：

$$\boldsymbol{\pi}_1(0)=(0.50,0.30,0.20),\qquad \boldsymbol{\pi}_2(0)=(0.70,0.20,0.10),$$

$$\boldsymbol{\pi}_3(0)=(0.34,0.37,0.29)。$$

于是，结合由产品缺陷率的导出马氏过程 $\{Z_{nk}\}$ 于第 k 周期的概率分布：

$$\boldsymbol{\pi}_n(k)=(\pi_1^{(n)}(k),\cdots,\pi_j^{(n)}(k),\cdots,\pi_S^{(n)}(k))=\boldsymbol{\pi}_n(0)\boldsymbol{P}_n(k),$$

以及（6.14）式可得，各产品缺陷率的概率分布 $\boldsymbol{\pi}_n(k)$ 依周期 k 的演变过程及其在未来某个周期内的期望利润（详见表 6.3）。

表 6.3　库存系统的随机性依周期 k 演变过程

<table>
<tr><td>项　目</td><td colspan="3">A 产品</td><td colspan="3">B 产品</td><td colspan="3">C 产品</td></tr>
<tr><td>状态 i</td><td>1</td><td>2</td><td>3</td><td>1</td><td>2</td><td>3</td><td>1</td><td>2</td><td>3</td></tr>
<tr><td>利　润</td><td>8500</td><td>7500</td><td>6500</td><td>9500</td><td>7000</td><td>6000</td><td>9000</td><td>7000</td><td>5000</td></tr>
<tr><td rowspan="3">转移概率矩阵</td><td>0.600</td><td>0.400</td><td>0.000</td><td>0.700</td><td>0.300</td><td>0.00</td><td>0.450</td><td>0.340</td><td>0.210</td></tr>
<tr><td>0.550</td><td>0.450</td><td>0.000</td><td>0.650</td><td>0.100</td><td>0.250</td><td>0.000</td><td>0.630</td><td>0.370</td></tr>
<tr><td>0.300</td><td>0.200</td><td>0.500</td><td>0.000</td><td>0.640</td><td>0.360</td><td>0.000</td><td>0.740</td><td>0.260</td></tr>
<tr><td>周期 k</td><td colspan="2">概率分布 $\boldsymbol{\pi}_1(k)$</td><td>期望利润</td><td colspan="2">概率分布 $\boldsymbol{\pi}_2(k)$</td><td>期望利润</td><td colspan="2">概率分布 $\boldsymbol{\pi}_3(k)$</td><td>期望利润</td></tr>
<tr><td>1</td><td colspan="2">(0.525, 0.375, 0.100)</td><td>7925.0</td><td colspan="2">(0.620, 0.294, 0.086)</td><td>8464.0</td><td colspan="2">(0.153, 0.563, 0.284)</td><td>6738.6</td></tr>
<tr><td>2</td><td colspan="2">(0.551, 0.399, 0.050)</td><td>8001.3</td><td colspan="2">(0.625, 0.270, 0.105)</td><td>8458.3</td><td colspan="2">(0.069, 0.617, 0.314)</td><td>6509.1</td></tr>
<tr><td>3</td><td colspan="2">(0.565, 0.410, 0.025)</td><td>8040.1</td><td colspan="2">(0.613, 0.281, 0.106)</td><td>8428.2</td><td colspan="2">(0.031, 0.645, 0.324)</td><td>6413.1</td></tr>
<tr><td>4</td><td colspan="2">(0.572, 0.416, 0.012)</td><td>8059.5</td><td colspan="2">(0.612, 0.280, 0.108)</td><td>8422.5</td><td colspan="2">(0.014, 0.657, 0.329)</td><td>6369.2</td></tr>
<tr><td>5</td><td colspan="2">(0.576, 0.418, 0.006)</td><td>8069.2</td><td colspan="2">(0.610, 0.281, 0.109)</td><td>8416.0</td><td colspan="2">(0.006, 0.662, 0.332)</td><td>6349.5</td></tr>
<tr><td>6</td><td colspan="2">(0.577, 0.420, 0.003)</td><td>8074.1</td><td colspan="2">(0.610, 0.281, 0.109)</td><td>8416.0</td><td colspan="2">(0.003, 0.664, 0.333)</td><td>6340.6</td></tr>
<tr><td>7</td><td colspan="2">(0.578, 0.420, 0.002)</td><td>8076.5</td><td colspan="2">(0.609, 0.281, 0.110)</td><td>8413.8</td><td colspan="2">(0.002, 0.665, 0.333)</td><td>6336.6</td></tr>
<tr><td>8</td><td colspan="2">(0.579, 0.420, 0.001)</td><td>8077.7</td><td colspan="2">(0.609, 0.281, 0.110)</td><td>8413.8</td><td colspan="2">(0.001, 0.666, 0.333)</td><td>6334.8</td></tr>
<tr><td>9</td><td colspan="2">(0.579, 0.421, 0.000)</td><td>8078.3</td><td colspan="2">(0.609, 0.281, 0.110)</td><td>8413.8</td><td colspan="2">(0.000, 0.667, 0.333)</td><td>6334.0</td></tr>
<tr><td>10</td><td colspan="2">(0.579, 0.421, 0.000)</td><td>8078.3</td><td colspan="2">(0.609, 0.281, 0.110)</td><td>8413.8</td><td colspan="2">(0.000, 0.667, 0.333)</td><td>6334.0</td></tr>
</table>

由表 6.3 中的数值实验的结果可知，各产品缺陷率的概率分布 $\boldsymbol{\pi}_n(k)$ 随着周期数 k 的变化而发生演变过程，即随着周期数 k 的不断增大，A、B 和 C 产品缺陷率的概率

分布变化分别为：

$$\boldsymbol{\pi}_1(0) = (0.50, 0.30, 0.20) \rightarrow (0.579, 0.421, 0.000),$$
$$\boldsymbol{\pi}_2(0) = (0.70, 0.20, 0.10) \rightarrow (0.609, 0.281, 0.110),$$
$$\boldsymbol{\pi}_3(0) = (0.34, 0.37, 0.29) \rightarrow (0.000, 0.667, 0.333)。$$

同时，可知 A 产品的期望利润随着周期数 k 的增大而增大，B 和 C 产品的期望利润随着周期数 k 的增大而变小；当周期数 k 增大到一定的程度时，各产品的期望利润趋向于稳定值。由此说明该库存系统具有一定的可靠性。为了更进一步深入地了解该系统的性质，以下结合表 6.3 中各产品的转移概率矩阵，给出各产品的状态转移示意图（图 6.4 至图 6.6）。

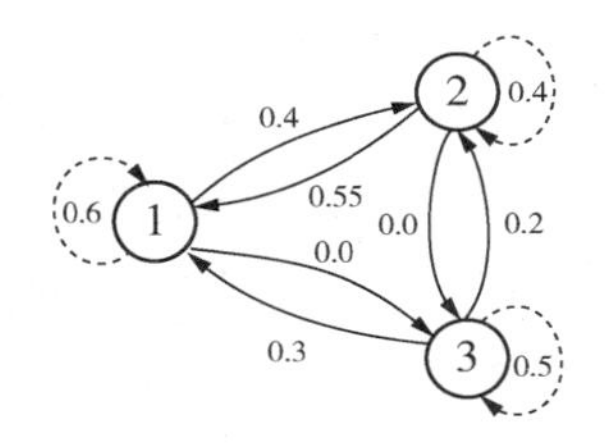

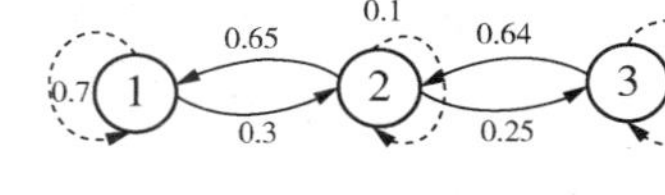

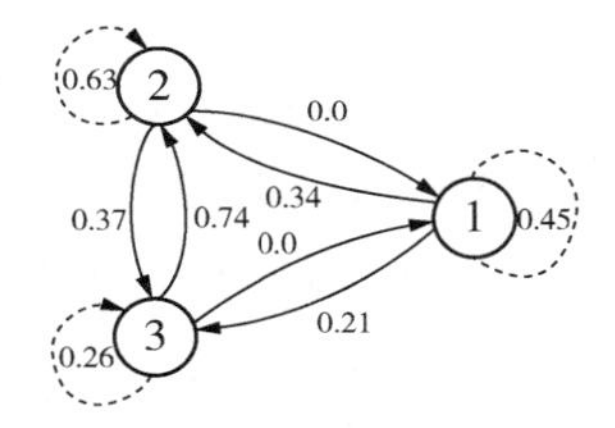

图 6.4　A 产品的状态转移　　图 6.5　B 产品的状态转移　　图 6.6　C 产品的状态转移

由表 6.3 中的第三行可知，当 A 产品缺陷率处于状态 3 时，其获得的利润为 6500，相较于其他状态下的利润为最小值，故 3 为该产品的全局利润劣势状态。同理，可知 1 为 C 产品的全局利润占优状态。此外，根据图 6.4 和图 6.6 易知，状态 3 和 1 分别为 A 和 C 产品的非常返状态。因此，由“蜡烛定律”可知，随着周期数 k 的逐步增大，A 产品的状态 3 以及 C 产品的状态 1，将属于自己的概率值全部贡献给其他状态的概率值。在此情形下，A 产品中的全局利润占优状态获得概率上的优势（即在转移过程中，其对应的概率值具有上升的趋势）；对 C 产品而言，获得概率上的优势的是全局利润劣势的状态。因此，在一定的周期内，A 产品的期望利润具有上升的趋势，C 产品的期望利润则具有下降的趋势；但是当非常返状态的概率值趋向于零时，它们的期望利润趋向于稳定值。

根据图 6.3 可知，由 B 产品的缺陷率导出的随机过程为不可约的遍历马氏链。理论上而言，因为不可约的遍历马氏链具有平稳分布，所以当周期数 k 逐步增大时，B 产品的缺陷率及期望利润也逐渐地趋向于稳定值。然而，在产品的期望利润趋向于稳定之前，其上升（下降）的趋势性取决于全局利润占优（劣势）的状态是否获得概率上的优势。事实上，由表 6.3 可知，当 B 产品的缺陷率处于 3 时，其获得的利润为 6000，相较于其他状态下的利润为最小值，故 3 为该产品的全局利润劣势状态。再结合该表中数值实验的结果可知，随着周期数 k 的增大，概率分布 $\boldsymbol{\pi}_2(k)$ 中的第三个分

量 $\pi_2^{(3)}(k)$ 的取值，具有上升的趋势（趋于稳定之前）。因此，B 产品的期望利润随着周期数 k 的增大而变小。

通过上述数值算例分析可知，库存决策者可以运用由各产品的缺陷率导出的马氏过程中的遍历性、不可约性、常返性等基本属性，来刻画随机库存系统的随机性，以获取系统在运行过程中的基本信息，进而识别和监控系统中的潜在风险性。

6.5 本章小结

本章在随机质量波动的环境下，研究带融资能力和 VaR 约束的多产品随机库存系统的最优订购策略问题。为了构建系统的决策机制，针对由数据信息的失真、删失或隐藏等因素导致的随机缺陷率的分布函数及其初始状态未知的情况，本章首先将缺陷率的随机变量划分为不同的状态，并运用马氏理论导出其状态运动的随机过程。其次，在格里汶科定理的基础上，提出马氏随机逼近法，以挖掘未知分布函数的随机变量的统计规律性。再次，在马氏随机逼近法的基础上，构建随机质量波动下带融资能力和 VaR 约束的多产品随机库存决策模型，并给出系统的最优订购策略。最后，在马氏链的极限性态的理论基础上提出“蜡烛定律”，以分析库存系统的随机性。本章模型具有如下理论和实践意义：

（1）针对未知分布函数的随机变量的运动规律问题，提出马氏随机逼近法，弥补了传统不完备质量库存模型的不足之处，即假设产品的缺陷率为固定的常数或为已知分布函数的随机变量。

（2）考虑供需依赖质量水平、多产品随机、风险厌恶和融资能力等决策要素，完善了随机库存系统决策机制，为决策者提供了新的多维度决策视角。

（3）利用马尔可夫过程理论分析了随机库存的随机性特征，提出了“蜡烛定律”，刻画了产品质量随机波动对利润的影响。

因此，相较于经典的不完备质量下的库存模型，本章将马氏质量过程、供需的随机性、融资能力和风险厌恶等多要素集成于模型的理论框架，完善库存决策理论；应用上充分考虑了在数据挖掘过程中常遇到的棘手问题，如数据信息删失、失真和隐藏等现象对随机库存系统的统计规律性的影响。

第 7 章　结论和展望

7.1　研究结论

质量水平的不确定性是库存系统的重要风险源之一，给库存系统优化与控制的研究带来一定的困难。一般情形下，经典的库存模型不考虑供应能力或需求与质量水平之间的关联性对优化决策的影响。为此，本书在随机质量波动环境下，在不同的假设条件下，构建了四个多产品随机库存模型，并提出了相应的决策机制，为企业的决策提供科学的理论依据。本书所取得的研究成果主要分为四个部分，每一部分主要的创新性研究工作和结论总结如下。

在第一部分内容中，考虑实际环境下产品的缺陷率会对库存系统的供应能力产生重要影响，因此在假设供应能力依赖质量水平的条件下，将决策者的风险厌恶因素纳入决策机制的框架，利用马氏理论刻画供应能力与缺陷率的随机波动之间的关联性，进而构建随机质量波动下基于 CVaR 的多产品库存模型，并利用随机过程中的不可约性和遍历性，分析库存系统的随机性。通过模型的建立以及数值算例分析，我们得到如下结论：库存系统的最优决策与质量水平的状态、供应能力以及风险偏好性等因素具有重要的关联性。其一，在一定的需求范围内，当质量水平的波动使供应能力提高时，相应的库存系统的最优期望订购量和期望利润呈现出上升的趋势；其二，最优期望订购量和期望利润关于供应能力和风险厌恶因子都为单调递增的；其三，库存系统的可靠性与随机质量过程的不可约性、遍历性等基本性质有关，即当随机质量过程为不可约的遍历马氏链时，模型的最优解具有平稳的极限性态。决策者可以利用马氏链中的往返理论了解库存系统首达期望利润的不同梯度，进而解析期望利润的数据信息的基本结构，深入了解其库存系统的收益过程的运动趋势，以获取科学的决策信息，支撑企业的发展规划。

在第二部分内容中，主要考虑融资能力约束下随机质量波动的多产品风险厌恶型库存决策问题，构建相应的决策模型，以研究融资能力对库存系统最优订购策略和期望利润的敏感性，并运用首达性及 Phase-Type 分布等理论分析模型最优解的基本性质。通过建模分析，我们得到如下结论：其一，产品质量水平的波动性对库存系统的最优解具有重要的影响。当其波动性使得供应能力提高时，质量水平与最优解之间为正相关关系；否则反之。其二，库存系统的最优期望订购量与融资能力之间具有正相关性；但随着融资能力值进一步增大，其对最优期望订购量和期望利润的敏感性逐渐趋弱。即当融资能力达到一定的水平时，决策者可以不考虑资金的因素对库存系统的影响。然而在一定的融资能力下，决策者的风险厌恶程度确定了最优期望订购量与期望利润之间的关系属性。其三，质量水平的随机过程的基本属性确定了库存系统的可靠性，即当随机质量水平为不可约的遍历马氏链时，库存决策模型的最优解具有良好的极限性态。因此决策者可以利用不可约性、遍历性等随机过程的基本属性，建立库存系统可靠性和安全性的评估体系。

在第三部分内容中，主要考虑 VaR 约束下随机质量波动的多产品鞅风险库存的决策问题。在实际环境中，因为质量水平对供应能力和需求都具有一定的影响，所以在假设供应能力和需求都依赖产品质量水平的条件下，将决策者的风险偏好性纳入决策机制的框架，以马氏模型和 VaR 为决策模型理论的导向，构建多产品随机库存模型，并利用凸规划给出模型的最优解。同时，为了分析库存系统在运行过程中所担负的风险性，在鞅论的基础上给出鞅风险库存系统的定义及其若干判别方法，并联合鞅论中的上下穿不等式以及本书提出的极大、极小总期望幅度等新概念，提出鞅风险库存系统的上下穿风险评估体系及其具体的解析式。通过数值算例分析，我们得到如下结论：其一，当质量水平的波动使库存系统的供应能力和需求量提高时，模型的最优解关于供应能力和需求量是单调递增的，由此进一步表明供应商所提供的产品质量水平在整个供应链体系中发挥着主导作用。其二，根据风险厌恶因子与库存系统最优解之间的关系，可知当风险厌恶因子对最优解的约束力逐渐减弱时，各产品的最优值也逐步趋向于稳定点。即相关的决策模型在厌恶因子增大的影响下逐渐地风险中性化，而中性化的速率与决策者设定的目标利润值有关。其三，当库存系统关于质量水平为上（下）鞅时，其最优期望利润随着周期数的增大而减小（增大）；当库存系统关于质量水平为鞅时，其最优期望利润曲线具有平稳的趋势。其四，当鞅风险库存系统在未来给定周期内上穿目标区间的次数的上限值和极大总期望幅度越大时，其在运行过程中所面临的风险性就越低；当鞅风险库存系统在未来给定的周期内下穿目标区间的次数的上限值越大及其极小总期望幅度越小时，其在运行过程中所面临的风险性就越高。

在第四部分内容中，主要考虑融资能力和 VaR 约束下随机质量波动的多产品随机库存决策问题。假设缺陷率的分布函数未知，结合供应能力和需求都依赖产品质量水平的假设条件，在模型中引入融资能力因素，研究多产品随机库存模型的最优订购问题。针对产品缺陷率的分布函数为未知的问题，利用马氏理论提出质量水平的导出过程及马氏随机逼近法，进而构建相应的决策模型。同时，根据质量水平的状态的属性，提出“蜡烛定律”，以分析库存系统的随机性。通过模型推导的结果，我们得到如下结论：其一，在产品缺陷率的分布函数未知的情况下，可利用马氏随机逼近法解决缺陷率的统计规律性问题，进而刻画供需随着缺陷率的波动而表现出的随机过程；其二，产品的最优订购量和期望利润关于由马氏随机逼近法给出的期望缺陷率为单调递增的，由此表明产品的缺陷率与系统的供应能力和需求之间是负相关的；其三，在一定的产品缺陷率和目标利润的条件下，当融资能力和风险厌恶因子增大时，各产品的最优期望订购量和期望利润也随之增大，说明当模型的最优解作为风险厌恶因子和融资能力的二元函数时，其单调性质为递增的；其四，由“蜡烛定律”可知，当非常返或零常返态为全局利润劣势（占优）时，若其对应的概率不为零，则库存系统的最优期望利润具有上升（下降）的趋势。

7.2 研究展望

7.2.1 研究的不足

本书在随机质量波动的环境下，综合考虑供应能力和需求的随机性、融资能力和风险厌恶等因素对最优决策的影响，提出相应的库存决策模型，并得到一定的研究结论和成果。然而，受时间和精力所限，相关的拓展性研究工作尚存在不足之处，具体如下：①模型理论设计上较为复杂，给模型的实际应用带来一定的困难；②有待于实际检验。在实际问题中，产品的质量水平对供应能力和需求具有重要的影响。然而，关于这方面基础数据库的建设，尚未受到业界足够的重视，以致缺乏实际数据验证相关模型的可行性和有效性。因此，模型的应用价值只能通过计算机的数值模拟和仿真的方式来体现。

7.2.2 未来的研究方向

（1）模型的求解研究。本书所构建的多产品随机库存模型考虑的因素多，模型比较复杂，给模型的求解带来一定的困难。后续的工作可以考虑如何在求解方法上做改进。

（2）模型的基础理论拓展。本书以离散马氏链为模型的理论导向，存在一定的局限性。后续的研究工作可以基于连续参数型的马氏模型或者其他类型的随机过程，对相关模型和理论进行拓展，以提高模型在实际应用中的适应性。

（3）模型的风险测度理论拓展。现有的风险测度理论比较丰富，如服务水平、期望效用函数、期望—方差、CVaR 和 VaR 准则等。本书的模型主要运用 CVaR 和 VaR 准则来度量决策者的风险厌恶程度，后续的研究工作可以基于其他风险测度理论开展模型的拓展性研究。

参 考 文 献

[1] 马士华，陈荣秋，等．生产运作管理［M］．北京：清华大学出版社，2015.

[2] Khan M, Jaber M Y, Guiffrida A L, et al. A review of the extensions of a modified EOQ model for imperfect quality items [J]. International Journal of Production Economics, 2011, 132 (1): 1-12.

[3] Shih W. Optimal inventory policies when stockouts result from defective products [J]. International Journal of Production Research, 1980, 18 (6): 677-686.

[4] Porteus E L. Optimal lot sizing, process quality improvement and setup cost reduction [J]. Oprations Research, 1986, 34 (1): 137-144.

[5] Rosenblatt M J, Lee H L. Economic production cycles with imperfect production processes [J]. IIE Transactions, 1986, 18 (1): 48-55.

[6] Lee H L, Rosenblatt M J. Optimal inspection and ordering policies for products with imperfect quality [J]. IIE transactions, 1985, 17 (3): 284-289.

[7] Moinzadeh K, Lee H L. A continuous-review inventory model with constant resupply time and defective items [J]. Naval Research Logistics (NRL), 1987, 34 (4): 457-467.

[8] Schwaller R L. EOQ under inspection costs [J]. Production and Inventory Management, 1988, 29 (3): 22-24.

[9] Porteus E L. Note—The impact of inspection delay on process and inspection lot sizing [J]. Management Science, 1990, 36 (8): 999-1007.

[10] Zhang X, Gerchak Y. Joint lot sizing and inspection policy in an EOQ model with random yield [J]. IIE transactions, 1990, 22 (1): 41-47.

[11] Ben-Daya M, Rahim A. Multi-stage lot sizing models with imperfect processes and inspection errors [J]. Production Planning & Control, 1999, 10 (2): 118-126.

[12] Wu K S, Ouyang L Y. Defective units in (Q, r, L) inventory model with sub-lot sampling inspection [J]. Production Planning & Control, 2000, 11 (2): 179-186.

[13] Wu K S, Ouyang L Y, Ho C H. Integrated vendor-buyer inventory system with sublot sampling inspection policy and controllable lead time [J]. International Journal of Systems Science, 2007, 38 (4): 339-350.

[14] Konstantaras I, Goyal S K, Papachristos S. Economic ordering policy for an item with imperfect quality subject to the in-house inspection [J]. International Journal of Systems Science, 2007, 38 (6): 473-482.

[15] Ben-Daya M, Noman S M. Integrated inventory and inspection policies for stochastic demand [J]. European Journal of Operational Research, 2008, 185 (1): 159-169.

[16] Khan M, Jaber M Y, Bonney M. An economic order quantity (EOQ) for items with imperfect quality and inspection errors [J]. International Journal of Production Economics, 2011, 133 (1): 113-118.

[17] Mak K L. Inventory control of defective products when the demand is partially captive [J]. International Journal of Production Research, 1985, 23 (3): 533-542.

[18] Rezaei J. Economic order quantity model with backorder for imperfect quality items [C]. Proceedings of the IEEE International Engineering Management Conference, 2005, 2: 466-470.

[19] Wee H M, Yu J, Chen M C. Optimal inventory model for items with imperfect quality and shortage backordering [J]. Omega, 2007, 35 (1): 7-11.

[20] Eroglu A, Ozdemir G. An economic order quantity model with defective items and shortages [J]. International journal of production economics, 2007, 106 (2): 544-549.

[21] Roy M D, Sana S S, Chaudhuri K. An economic order quantity model of imperfect quality items with partial backlogging [J]. International Journal of Systems Science, 2011, 42 (8): 1409-1419.

[22] Jaggi C K, Goel S K, Mittal M. Credit financing in economic ordering policies for defective items with allowable shortages [J]. Applied Mathematics and Computation, 2013, 219 (10): 5268-5282.

[23] Skouri K, Konstantaras I, Lagodimos A G, et al. An EOQ model with backorders and rejection of defective supply batches [J]. International Journal of Production Economics, 2014, 155 (5): 148-154.

[24] 张群，李群霞，谷炜，等. 考虑缺陷率和缺货的模糊库存模型 [J]. 系统工程理论与实践, 2008, 28 (11): 62-68.

[25] 李群霞，张群. 考虑缺货和缺陷品的模糊生产库存模型的优化求解 [J]. 系统工程理论与实践, 2011, 31 (3): 480-487.

[26] 汪盈盈，郭彩云，徐如乾，等. 考虑随机模糊缺陷率且允许缺货的 EOQ 模型 [J]. 运筹与管理, 2011 (2): 78-81.

[27] 桂寿平，栗叔林，张智勇，等. 允许缺货且具有随机缺陷率的 EOQ 模型研究 [J]. 管理工程学报, 2011, 25 (1): 140-147.

[28] Ouyang L Y, Wu K S. Mixture inventory model involving variable lead time and defective units [J]. Journal of Statistics and Management Systems, 1999, 2 (2-3): 143-157.

[29] Ho C H. A minimax distribution free procedure for an integrated inventory model with defective goods and stochastic lead time demand [J]. International Journal of Information and Management Sciences, 2009, 20 (1): 161-171.

[30] Lin S W, Wou Y W, Julian P. Note on minimax distribution free procedure for integrated inventory model with defective goods and stochastic lead time demand [J]. Applied Mathematical Modelling,

2011, 35 (5): 2087 – 2093.

[31] Lin Y J. A stochastic periodic review integrated inventory model involving defective items, backorder price discount, and variable lead time [J]. 4OR, 2010, 8 (3): 281 – 297.

[32] Sarkar B, Gupta H, Chaudhuri K, et al. An integrated inventory model with variable lead time, defective units and delay in payments [J]. Applied Mathematics and Computation, 2014, 237 (7): 650 – 658.

[33] 朱桂平. 随机缺陷率条件下整合库存优化模型及其算法 [J]. 东南大学学报: 自然科学版, 2007 (S2): 327 – 332.

[34] Koulamas C P. Optimal lot-sizing with some defective output and learning [J]. International Journal of Systems Science, 1990, 21 (3): 471 – 478.

[35] Wahab M I M, Jaber M Y. Economic order quantity model for items with imperfect quality, different holding costs, and learning effects: A note [J]. Computers & Industrial Engineering, 2010, 58 (1): 186 – 190.

[36] Salameh M K, Jaber M Y. Economic production quantity model for items with imperfect quality [J]. International Journal of Production Economics, 2000, 64 (1): 59 – 64.

[37] Maddah B, Jaber M Y. Economic order quantity for items with imperfect quality: Revisited [J]. International Journal of Production Economics, 2008, 112 (2): 808 – 815.

[38] Jaber M Y, Goyal S K, Imran M. Economic production quantity model for items with imperfect quality subject to learning effects [J]. International Journal of Production Economics, 2008, 115 (1): 143 – 150.

[39] Khan M, Jaber M Y, Wahab M I M. Economic order quantity model for items with imperfect quality with learning in inspection [J]. International Journal of Production Economics, 2010, 124 (1): 87 – 96.

[40] Konstantaras I, Skouri K, Jaber M Y. Inventory models for imperfect quality items with shortages and learning in inspection [J] Applied Mathematical Modelling, 2012, 36 (11): 5334 – 5343.

[41] Yadav D, Singh S R, Kumari R. Inventory model with learning effect and imprecise market demand under screening error [J]. Opsearch, 2013, 50 (3): 418 – 432.

[42] Kazemi N, Olugu E U, Abdul-Rashid S H, et al. Development of a fuzzy economic order quantity model for imperfect quality items using the learning effect on fuzzy parameters [J]. Journal of Intelligent & Fuzzy Systems, 2015, 28 (5): 2377 – 2389.

[43] Hsu W K K, Yu H F. EOQ model for imperfective items under a one-time-only discount [J]. Omega, 2009, 37 (5): 1018 – 1026.

[44] Feng H, Li J, Zeng Y. Retailer's optimal peplenishment policy with defective products under cash discount and two-level trade credit [C]. E-Product E-Service and E-Entertainment (ICEEE), 2010 International Conference on IEEE, 2010: 1 – 5.

[45] Annadurai K, Uthayakumar R. Ordering cost reduction in inventory model with defective items and

backorder price discount [J]. Journal of Optimization, 2014, 35 (5): 1012-1026.

[46] 郭彩云，胡劲松．含价格折扣和模糊缺陷率的 EOQ 模型研究 [J]. 青岛大学学报：自然科学版，2008，21 (2)：86-91.

[47] Agnihothri S R, Kenett R S. The impact of defects on a process with rework [J]. European Journal of Operational Research, 1995, 80 (2): 308-327.

[48] Jaber M Y, Zanoni S, Zavanella L E. Economic order quantity models for imperfect items with buy and repair options [J]. International Journal of Production Economics, 2014, 155 (5): 126-131.

[49] Ullah M, Kang C W. Effect of rework, rejects and inspection on lot size with work-in-process inventory [J]. International Journal of Production Research, 2014, 52 (8): 2448-2460.

[50] 胡劲松，郭彩云．含缺货且缺陷产品可修复的模糊生产库存模型 [J]. 计算机集成制造系统，2009，15 (5)：932-938.

[51] 赵双双，郭嗣琮．含模糊修复速率的生产库存模型 [J]. 计算机工程与应用，2014，50 (22)：223-237.

[52] Ouyang L Y, Wu K S, Ho C H. Analysis of optimal vendor-buyer integrated inventory policy involving defective items [J]. The International Journal of Advanced Manufacturing Technology, 2006, 29 (11-12): 1232-1245.

[53] Ho C H, Goyal S K, Ouyang L Y, et al. An integrated vendor-buyer inventory model with defective items and partial backlogging [J]. International Journal of Logistics Systems and Management, 2011, 8 (4): 377-391.

[54] Lin Y J, Ouyang L Y, Dang Y F. A joint optimal ordering and delivery policy for an integrated supplier-retailer inventory model with trade credit and defective items [J]. Applied Mathematics and Computation, 2012, 218 (14): 7498-7514.

[55] Soni H N, Patel K A. Optimal strategy for an integrated inventory system involving variable production and defective items under retailer partial trade credit policy [J]. Decision Support Systems, 2012, 54 (1): 235-247.

[56] Su C H. Optimal replenishment policy for an integrated inventory system with defective items and allowable shortage under trade credit [J]. International Journal of Production Economics, 2012, 139 (1): 247-256.

[57] Sana S S. A production-inventory model of imperfect quality products in a three-layer supply chain [J]. Decision Support Systems, 2011, 50 (2): 539-547.

[58] Yang M F, Lo M C, Chou Y T, et al. Three-echelon inventory model with defective product and rework considerations under credit period [J]. Lecture Notes in Engineering & Computer Science, 2015: 2216-2221.

[59] Cheng T C E. An economic order quantity model with demand-dependent unit production cost and imperfect production processes [J]. IIE transactions, 1991, 23 (1): 23-28.

[60] Cárdenas-Barrón L E. The derivation of EOQ/EPQ inventory models with two backorders costs using

analytic geometry and algebra [J]. Applied Mathematical Modelling, 2011, 35 (5): 2394-2407.

[61] Huang Y F. The deterministic inventory models with shortage and defective items derived without derivatives [J]. Journal of Statistics and Management Systems, 2003, 6 (2): 171-180.

[62] Ouyang L Y, Wu K S, Ho C H. The single-vendor single-buyer integrated inventory problem with quality improvement and lead time reduction—Minimax distribution-free approach [J]. Asia-Pacific Journal of Operational Research, 2006, 23 (3): 407-424.

[63] Haji A, Haji R, Bijari M. The newsboy problem with random defective and probabilistic initial inventory [C]. The 36th CIE Conference on Computers and Industrial Engineering, 2006: 3498-3502.

[64] Chang H C. An application of fuzzy sets theory to the EOQ model with imperfect quality items [J]. Computers & Operations Research, 2004, 31 (12): 2079-2092.

[65] 周威，金以慧．具有模糊缺陷率和订货费用的库存管理研究 [J]．计算机集成制造系统，2006，12 (5)：765-771.

[66] Sana S S. Demand influenced by enterprises' initiatives—A multi-item EOQ model of deteriorating and ameliorating items [J]. Mathematical and Computer Modelling, 2010, 52 (1): 284-302.

[67] Kotb K A M, Fergany H A. Multi-item EOQ model with both demand-dependent unit cost and varying leading time via geometric programming [J]. Applied mathematics, 2011, 2 (5): 551-555.

[68] Pal B, Sana S S, Chaudhuri K. Multi-item EOQ model while demand is sales price and price break sensitive [J]. Economic Modelling, 2012, 29 (6): 2283-2288.

[69] Cárdenas-Barrón L E, Sana S S. Multi-item EOQ inventory model in a two-layer supply chain while demand varies with promotional effort [J]. Applied Mathematical Modelling, 2015, 39 (21): 6725-6737.

[70] Chen C K, Min K J. A multi-product EOQ model with pricing consideration—TCE Cheng's momdel revisited [J]. Computers & Industrial Engineering, 1994, 26 (4): 787-794.

[71] Cheng T C E. An EOQ model with pricing consideration [J]. Computers & Industrial Engineering, 1990, 18 (4): 529-534.

[72] Shin H, Park S. On the optimality of the multi-product EOQ model with pricing consideration [J]. Management Science & Financial Engineering, 2012, 18 (1): 21-26.

[73] Pasandideh S H R, Niaki S T A, Vishkaei B M. A multi-product EOQ model with inflation, discount, and permissible delay in payments under shortage and limited warehouse space [J]. Production & Manufacturing Research An Open Access Journal, 2014, 2 (1): 641-657.

[74] 王东红．多产品定价、广告与库存联合决策研究 [D]．北京：北京交通大学，2015.

[75] Baykasoğlu A, Göçken T. Solution of a fully fuzzy multi-item economic order quantity problem by using fuzzy ranking functions [J]. Engineering Optimization, 2007, 39 (8): 919-939.

[76] Ying Y U. Fuzzy model and algorithm for multi-product inventory problem [J]. Fuzzy Systems & Mathematics, 2008, 22 (4): 164-169.

[77] Nasseri H, Ehsani E, Kazemi N. Determine the optimal order quantity in multi-items's EOQ model

with backorder [J]. Journal of Applied Sciences Research, 2011, 33 (3): 452 - 461.

[78] Yadavalli V, Jeeva M, Rajalakshm R. Multi-item deterministic fuzzy inventory model [J]. Asia-Pacific Journal of Operational Research, 2011, 22 (3): 287 - 295.

[79] Saha A, Roy A, Kar S, et al. Multi-item two storage inventory models for breakable items with fuzzy cost and resources based on different defuzzification techniques [J]. Opsearch, 2012, 49 (2): 169 - 190.

[80] Baykasoglu A, Gocken T. Solving fully fuzzy mathematical programming model of EOQ problem with a direct approach based on fuzzy ranking and PSO [J]. Journal of Intelligent & Fuzzy Systems, 2011, 22 (5): 237 - 251.

[81] Cárdenas-Barrón L E, Treviño-Garza G, Wee H M. A simple and better algorithm to solve the vendor managed inventory control system of multi-product multi-constraint economic order quantity model [J]. Expert Systems with Applications, 2012, 39 (3): 3888 - 3895.

[82] Pasandideh S H R, Niaki S T A, Mousavi S M. Two metaheuristics to solve a multi-item multiperiod inventory control problem under storage constraint and discounts [J]. The International Journal of Advanced Manufacturing Technology, 2013, 69 (5 - 8): 1671 - 1684.

[83] Miranda S, Fera M, Iannone R, et al. A multi-item constrained EOQ calculation algorithm with exit condition: A comparative analysis [J]. IFAC-Papers On Line, 2015, 48 (3): 1314 - 1319.

[84] Kotb K A M, Zaki S A, Elakkad Z M, et al. Statistical quality control of multi-item EOQ model with varying leading time via lagrange method [J]. International Journal of Mathematical Archive, 2013, 3 (12): 4801 - 4805.

[85] Nia A R, Far M H, Niaki S T A. A fuzzy vendor managed inventory of multi-item economic order quantity model under shortage: An ant colony optimization algorithm [J]. International Journal of Production Economics, 2014, 155: 259 - 271.

[86] Nia A R, Far M H, Niaki S T A. A hybrid genetic and imperialist competitive algorithm for green vendor managed inventory of multi-item multi-constraint EOQ model under shortage [J]. Applied Soft Computing, 2015, 30: 353 - 364.

[87] Rossi T, Pozzi R, Testa M. A preliminary proposal to include capacity constraint in the multi-product EOQ model using hybrid systems and integer linear programming [C]. Industrial Engineering and Operations Management (IEOM), 2015 International Conference on IEEE, 2015: 1 - 9.

[88] Khouja M, Mehrez A. A multi-product constrained newsboy problem with progressive multiple discounts [J]. Computers & Industrial Engineering, 1996, 30 (1): 95 - 101.

[89] Anupindi R, Bassok Y. Approximations for multiproduct contracts with stochastic demands and business volume discounts: Single supplier case [J]. IIE transactions, 1998, 30 (8): 723 - 734.

[90] Zhang G. The multi-product newsboy problem with supplier quantity discounts and a budget constraint [J]. European Journal of Operational Research, 2010, 206 (2): 350 - 360.

[91] Shi J, Zhang G. Multi-product budget-constrained acquisition and pricing with uncertain demand and

supplier quantity discounts [J]. International Journal of Production Economics, 2010, 128 (1): 322 - 331.

[92] Shi J, Zhang G, Sha J. Jointly pricing and ordering for a multi-product multi-constraint newsvendor problem with supplier quantity discounts [J]. Applied Mathematical Modelling, 2011, 35 (6): 3001 - 3011.

[93] Murray C C, Gosavi A, Talukdar D. The multi-product price-setting newsvendor with resource capacity constraints [J]. International Journal of Production Economics, 2012, 138 (1): 148 - 158.

[94] 喻瑛, 张卫. 含有模糊约束和模糊价格的多产品报童问题的模型及算法研究 [J]. 管理学报, 2007 (Z1): 42 - 46.

[95] 阳成虎, 秦小辉. 需求具有价格敏感性的多产品报童问题研究 [J]. 西藏大学学报: 自然科学版, 2010, 25 (5): 93 - 99.

[96] Khouja M, Mehrez A, Rabinowitz G. A two-item newsboy problem with substitutability [J]. International Journal of Production Economics, 1996, 44 (3): 267 - 275.

[97] Lau H S, Lau A H L. Some results on implementing a multi-item multi-constraint single-period inventory model [J]. International Journal of Production Economics, 1997, 48 (2): 121 - 128.

[98] Nagarajan M, Rajagopalan S. Inventory models for substitutable products: Optimal policies and heuristics [J]. Social Science Electronic Publishing, 2009, 54 (8): 1453 - 1466.

[99] King A J, Wallace S W. A multidimensional newsboy problem with substitution: With Hajnalka Vaagen [M]//King A J, Wallace S W. Modeling with stochastic programming. New York: Springer, 2012: 123 - 138.

[100] Liu W, Song S, Wu C. Impact of loss aversion on the newsvendor game with product substitution [J]. International Journal of Production Economics, 2013, 141 (1): 352 - 359.

[101] Ma S, Sahin E, Dallery Y, et al. Assortment decision in the multi-product News-Vendor Problem with demand substitution [C]. Industrial Engineering and Systems Management (IESM), 2015 International Conference on. IEEE, 2015: 304 - 311.

[102] 杨慧, 宋华明. 单周期替代性产品的联合定价策略 [J]. 数学的实践与认识, 2008, 23: 65 - 70.

[103] 杨慧, 宋华明. 单周期替代性产品价格与存量的联合决策 [J]. 运筹与管理, 2009, 18 (3): 153 - 157.

[104] 翟阳阳, 徐寅峰, 张惠丽. 单向可替代报童问题的最优在线订货策略 [J]. 系统工程, 2011 (3): 15 - 20.

[105] 曹国昭, 齐二石. 替代品竞争环境下损失厌恶报童问题研究 [J]. 管理学报, 2013, 10 (6): 898 - 904.

[106] Moon I, Silver E A. The multi-item newsvendor problem with a budget constraint and fixed ordering costs [J]. Journal of the Operational Research Society, 2000, 51 (5): 602 - 608.

[107] Abdel-Malek L, Montanari R, Morales L C. Exact, approximate, and generic iterative models for

the multi-product newsboy problem with budget constraint [J]. International Journal of Production Economics, 2004, 91 (2): 189 - 198.

[108] Abdel-Malek L L, Montanari R. An analysis of the multi-product newsboy problem with a budget constraint [J]. International Journal of Production Economics, 2005, 97 (3): 296 - 307.

[109] Zhang B, Hua Z. A portfolio approach to multi-product newsboy problem with budget constraint [J]. Computers & Industrial Engineering, 2010, 58 (4): 759 - 765.

[110] Chen L H, Chen Y C. A multiple-item budget-constraint newsboy problem with a reservation policy [J]. Omega, 2010, 38 (6): 431 - 439.

[111] Zhou Y, Chen X, Xu X, et al. A multi-product newsvendor problem with budget and loss constraints [J]. International Journal of Information Technology & Decision Making, 2015, 14 (5): 1093 - 1110.

[112] 黄松，杨超，张曦．考虑战略顾客行为带预算约束的多产品报童问题 [J]．中国管理科学，2011，19 (3)：70 - 78.

[113] Erlebacher S J. Optimal and heuristic solutions for the multi-item newsvendor problem with a single capacity constraint [J]. Production and Operations Management, 2000, 9 (3): 303 - 318.

[114] Zhang B, Du S. Multi-product newsboy problem with limited capacity and outsourcing [J]. European Journal of Operational Research, 2010, 202 (1): 107 - 113.

[115] Ding S. Uncertain multi-product newsboy problem with chance constraint [J]. Applied Mathematics and Computation, 2013, 223: 139 - 146.

[116] Fan T, Mo J, Chen G, et al. The multi-product newsboy problem with compound contracts under service level constraint [C]. Service Systems and Service Management (ICSSSM), 2015 12th International Conference on IEEE, 2015.

[117] 周艳菊，邱菀华，王宗润．损失约束下多产品报童问题的求解方法研究 [J]．控制与决策，2007，22 (9)：1005 - 1010.

[118] 朱赛花，戴琳，胡朝明．两个约束条件下允许外购的多产品报童问题 [J]．经济数学，2013，30 (2)：31 - 35.

[119] Shao Z, Ji X. Fuzzy multi-product constraint newsboy problem [J]. Applied Mathematics and Computation, 2006, 180 (1): 7 - 15.

[120] Hosseini S V, Moghadasi H, Noori A H, et al. Newsboy problem with two objectives, fuzzy costs and total discount strategy [J]. Journal of Applied Sciences, 2009, 9 (10): 132 - 139.

[121] Dutta P. A multi-product newsboy problem with fuzzy customer demand and a storage space constraint [J]. International Journal of Operational Research, 2010, 8 (2): 230 - 246.

[122] 胡玉梅，胡劲松，杨飞雪，等．模糊随机需求下多产品报童问题的均衡策略 [J]．运筹与管理，2011 (1)：72 - 77.

[123] 胡劲松，胡玉梅．模糊随机需求报童问题的 Stackelberg-Nash 均衡策略 [J]．运筹与管理，2009，18 (3)：20 - 25.

[124] 周艳菊，应仁仁，陈晓红，等．基于前景理论的两产品报童的订货模型［J］．管理科学学报，2013，16（11）：17－29．

[125] 徐鹏．基于 Stackelberg 博弈的融通仓融资下库存模型［J］．数学的实践与认识，2015（1）：1－8．

[126] 周佳琪，张人千．交叉销售产品的报童模型与博弈分析［J］．管理科学学报，2015，18（7）：59－69．

[127] Abdel-Malek L L，Areeratchakul N. A quadratic programming approach to the multi-product newsvendor problem with side constraints［J］. European Journal of Operational Research，2007，176（3）：1607－1619.

[128] Niederhoff J A. Using separable programming to solve the multi-product multiple ex-ante constraint newsvendor problem and extensions［J］. European Journal of Operational Research，2007，176（2）：941－955.

[129] Das B，Maiti M. An application of bi-level newsboy problem in two substitutable items under capital cost［J］. Applied Mathematics and Computation，2007，190（1）：410－422.

[130] Zhang B，Xu X，Hua Z. A binary solution method for the multi-product newsboy problem with budget constraint［J］. International Journal of Production Economics，2009，117（1）：136－141.

[131] Zhang B. Multi-tier binary solution method for multi-product newsvendor problem with multiple constraints［J］. European Journal of Operational Research，2012，218（2）：426－434.

[132] Chung C S，Flynn J，Ömer Kirca. A multi-item newsvendor problem with preseason production and capacitated reactive production［J］. European Journal of Operational Research，2008，188（3）：775－792.

[133] Strinka Z M A，Romeijn H E，Wu J. Exact and heuristic methods for a class of selective newsvendor problems with normally distributed demands［J］. Omega，2013，41（2）：250－258.

[134] Taleizadeh A A，Akhavan Niaki S T，Hoseini V. Optimizing the multi-product，multi-constraint，bi-objective newsboy problem with discount by a hybrid method of goal programming and genetic algorithm［J］. Engineering Optimization，2009，41（5）：437－457.

[135] Kleindorfer P R，Saad G H. Managing disruption risks in supply chains［J］. Production and Operations Management，2005，14（1）：53－68.

[136] Poundstone W. Priceless：The hidden psychology of value［M］. London：Oneworld Publications，2011.

[137] 刘咏梅，李立，刘洪莲．行为供应链研究综述［J］．中南大学学报：社会科学版，2011，17（1）：80－88．

[138] Whitin T M，Peston M H. Random variations，risk，and returns to scale［J］. The Quarterly Journal of Economics，1954：603－612.

[139] Li J，Liu W，Wang J，et al. The risk-averse newsvendor problem from rank-dependent expected

utility approach [J]. International Journal of Operational Research, 2014, 20 (3): 262-282.

[140] Sayin F, Karaesmen F, Özekici S. Newsvendor model with random supply and financial hedging: Utility-based approach [J]. International Journal of Production Economics, 2014, 154 (4): 178-189.

[141] Giri B C. Optimal pricing and order-up-to S inventory policy with expected utility of the present value criterion [J]. The Engineering Economist, 2015, 60 (3): 231-244.

[142] Ma L, Xue W, Zhao Y, et al. Loss-averse newsvendor problem with supply risk [J]. Journal of the Operational Research Society, 2016, 67 (2): 214-228.

[143] 刘咏梅，丁纯洁，廖攀．考虑损失厌恶零售商的混合渠道库存决策问题 [J]．计算机集成制造系统，2014，20 (5)：1199.

[144] 舒磊，吴锋．不可靠供应下的风险厌恶采购单阶段模型 [J]．系统管理学报，2015，24 (4)：602-609.

[145] Choi T M, Li D, Yan H M. Mean-variance analysis for the newsvendor problem [J]. IEEE Transactions on Systems, Man, and Cybernetics, Part A: Systems and Humans, 2008, 38 (5): 1169-1180.

[146] Choi T M, Chiu C H. Mean-downside-risk and mean-variance newsvendor models: Implications for sustainable fashion retailing [J]. International Journal of Production Economics, 2012, 135 (2): 552-560.

[147] Tekin M, Özekici S. Mean-variance newsvendor model with random supply and financial hedging [J]. IIE Transactions, 2015, 47 (9): 910-928.

[148] Rubio-Herrero J, Baykal-Gürsoy M, Jaśkiewicz A. A price-setting newsvendor problem under mean-variance criteria [J]. European Journal of Operational Research, 2015, 247 (2): 575-587.

[149] 乔虹．考虑均值—方差多目标决策的报童模型研究 [J]．经济问题，2009 (7)：63-65.

[150] 李熙，索寒生．基于需求预测更新的风险厌恶型报童决策分析 [J]．计算机与应用化学，2013 (1)：107-110.

[151] Chiu C H, Choi T M. Supply chain risk analysis with mean-variance models: A technical review [J]. Annals of Operations Research, 2016, 240 (2): 489-507.

[152] Tapiero C S. Value at risk and inventory control [J]. European Journal of Operational Research, 2005, 163 (3): 769-775.

[153] Yiu K F C, Wang S Y, Mak K L. Optimal portfolios under a value-at-risk constraint with applications to inventory control in supply chains [J]. Journal of Industrial and Management Optimization, 2008, 4 (1): 81.

[154] Chiu C H, Choi T M. Optimal pricing and stocking decisions for newsvendor problem with value-at-risk consideration [J]. IEEE Transactions on Systems, Man and Cybernetics, Part A: Systems and Humans, 2010, 40 (5): 1116-1119.

[155] Waring A C. Risk-averse selective newsvendor problems [D]. Ann Arbor: The University of Michi-

gan, 2012.

[156] Wu M, Zhu S X, Teunter R H. Newsvendor problem with random shortage cost under a risk criterion [J]. International Journal of Production Economics, 2013, 145 (2): 790 - 798.

[157] Jammernegg W, Kischka P. Risk preferences of a newsvendor with service and loss constraints [J]. International Journal of Production Economics, 2013, 143 (2): 410 - 415.

[158] Han Y, Zhao B, Song H M. Two-ordering newsvendor based on CVaR decision criteria with information updating [J]. Journal of Applied Sciences, 2013, 13 (23): 5611.

[159] Qiu R, Shang J, Huang X. Robust inventory decision under distribution uncertainty: A CVaR-based optimization approach [J]. International Journal of Production Economics, 2014, 153 (7): 13 - 23.

[160] Wu M, Zhu S X, Teunter R H. A risk-averse competitive newsvendor problem under the CVaR criterion [J]. International Journal of Production Economics, 2014, 156 (5): 13 - 23.

[161] 肖辉. 规避风险的多阶段最优库存研究 [J]. 经济数学, 2012, 29 (3): 27 - 31.

[162] 许民利, 李展. 需求依赖于价格情境下基于 Copula-CVaR 的报童决策 [J]. 控制与决策, 2014 (6): 1083 - 1090.

[163] 禹海波, 王莹莉. 不确定性对混合 CVaR 约束库存系统的影响 [J]. 运筹与管理, 2014 (1): 20 - 25.

[164] 甘信华, 应可福. 考虑风险规避的供应商管理库存契约模型 [J]. 系统工程, 2015 (1): 116 - 121.

[165] Rockafellar R T, Uryasev S. Optimization of conditional value-at-risk [J]. Journal of Risk, 1999, 29 (1): 1071 - 1074.

[166] Choi S, Ruszczynski A, Zhao Y. A multi-product risk-averse newsvendor with law-invariant coherent measures of risk [J]. Operations Research, 2011, 59 (2): 346 - 364.

[167] Wu M, Zhu S X, Teunter R H. The risk-averse newsvendor problem with random capacity [J]. European Journal of Operational Research, 2013, 231 (2): 328 - 336.

[168] 林元烈. 应用随机过程 [M]. 北京: 清华大学出版社, 2002.

[169] Jain R, Singh S R. Inflationary implications on an inventory with expiration date, capital constraint and uncertain lead time in a multi-echelon supply chain [J]. International Journal of Procurement Management, 2011, 4 (4): 419 - 432.

[170] Aryanezhad M B, Moezi S D, Saiedy H. A genetic algorithm to optimize a multi-product EOQ model with limited warehouse-space and capital limitation under VMI [J]. International Journal of Management Perspective, 2012, 1 (1): 31 - 35.

[171] Yan X, Wang Y. A newsvendor model with capital constraint and demand forecast update [J]. International Journal of Production Research, 2014, 52 (17): 5021 - 5040.

[172] 张媛媛, 李建斌. 库存商品融资下的库存优化管理 [J]. 系统工程理论与实践, 2008, 28 (9): 29 - 38.

[173] 谷水亮，鞠彦兵．资金和风险约束下的多产品报童模型最优解的研究［J］．软科学，2012，26（3）：129－133.

[174] 陈祥锋．融资能力约束供应链中贸易信用合同的决策与价值［J］．管理科学学报，2013，16（12）：13－20.

[175] Luciano E，Peccati L，Cifarelli D M. VaR as a risk measure for multiperiod static inventory models [J]. International Journal of Production Economics，2003，81（2）：375－384.

[176] Tu X S. The study on the application of VaR in inventory control [J]. International Journal of Business and Management，2007，2（3）：126－130.

[177] Özler A，Tan B，Karaesmen F. Multi-product newsvendor problem with value-at-risk considerations [J]. International Journal of Production Economics，2009，117（2）：244－255.

[178] Abdollahi M，Arvan M，Omidvar A，et al. A simulation optimization approach to apply value at risk analysis on the inventory routing problem with backlogged demand [J]. International Journal of Industrial Engineering Computations，2014，5（4）：603－620.

[179] 姚忠．风险约束下退货合同对供应链的协调性分析［J］．管理科学学报，2008，11（3）：96－105.

[180] 侯阔林，洪志明，吴瑞溢，等．风险厌恶条件下竞争报童问题的二层规划模型［J］．数学的实践与认识，2012（4）：45－52.

[181] Zheng Y，Yang Y. Option pricing model on dividend-paying securities [J]. International Journal of Applied Mathematics and Statistics™，2016，54（2）：123－131.

[182] 王恺明，张徽燕，刘继模．具有一般跳过程的期权无差异效用价值过程的定价模型［J］．中国科学：数学，2015，45（10）：1689－1704.

[183] 赵攀，肖庆宪．基于 Tsallis 分布及跳扩散过程的欧式期权定价［J］．中国管理科学，2015，23（6）：41－48.

[184] Xue C. Absolute ruin probability of a multi-type-insurance risk model [J]. International Journal of Applied Mathematics and Statistics™，2015，53（1）：74－81.

[185] 梁晓青，郭军义．均值回归模型下最优人寿保险的购买和投资消费问题［J］．中国科学：数学，2015，45（5）：623－638.

[186] 汪卢俊．中国股票市场是弱式有效的吗——基于样本外预测的检验［J］．当代经济科学，2014，36（2）：62－69.

[187] Shi J，Katehakis M N，Melamed B. Martingale methods for pricing inventory penalties under continuous replenishment and compound renewal demands [J]. Annals of Operations Research，2013，208（1）：593－612.

[188] 娄山佐，田新诚．随机供应中断和退货环境下库存问题的建模与控制［J］．自动化学报，2014（11）：2436－2444.

[189] 娄山佐，田新诚．随机供应中断和退货环境下库存的应急控制［J］．自动化学报，2015（1）：94－103.

[190] Sethi S P, Cheng F. Optimality of (s, S) policies in inventory models with Markovian demand [J]. Operations Research, 1997, 45 (6): 931 -939.

[191] Beyer D, Sethi S P. Average cost optimality in inventory models with Markovian demands [J]. Journal of Optimization Theory and Applications, 1997, 92 (3): 497 -526.

[192] Cheng F, Sethi S P, Taksar M. Markovian demand inventory models [M]. New York: Springer, 2010.

[193] Morgan J P. Credit metrics-technical document [J]. Jp Morgan, 1997, 5 (3): 48 -51.

[194] Heath D, Delbaen F, Eber J M, et al. Coherent measures of risk [J]. Mathematical Finance, 1999, 9 (3): 203 -228.

[195] Stambaugh F. Risk and value at risk [J]. European Management Journal, 1996, 14 (6): 612 -621.

[196] Alexander G J, Baptista A M. A comparison of VaR and CVaR constraints on portfolio selection with the mean-variance model [J]. Management Science, 2004, 50 (9): 1261 -1273.

[197] 茆诗松，程依明，濮晓龙．概率论与数理统计 [M]．北京：高等教育出版社，2004.